Education Policy-Planning Process : An Applied Framework

教育政策立案の国際比較

W.D.Haddad; T.Demsky
ワディ・D・ハダッド／テリ・デムスキー

訳・解説＊北村友人

ユネスコ国際教育政策叢書❶

東信堂

Education Policy-Planning Process: An Applied Framework
by W. D. Haddad and T. Demsky
Copyright© UNESCO 1995
All rights reserved

Japanese translation rights arranged with
International Institute for Educational Planning, Paris
through Tuttle-Mori Agency, Inc., Tokyo

教育政策研究の地平を拓く
――「ユネスコ国際教育政策叢書」日本語版刊行に寄せて――

　ユネスコ国際教育計画研究所（IIEP）は、教育政策の計画立案や実施・マネジメントの分野における調査研究、研修、技術協力、ネットワーキングなどを行うことを目的として1963年に設立された、国連教育科学文化機関（ユネスコ）本部教育局に附属する研究所である。設立以来、とくに教育の国際的な諸課題についての研究を積極的に行っており、その成果は各国の教育政策の立案者や行政官、国際機関や大学、NGOなどの専門家たちに幅広く受け入れられており、国際的な教育政策の議論をまさにリードしているといっても過言ではない。

　このIIEPを代表する出版物が、今回、日本語版が刊行される運びとなった『ユネスコ国際教育政策叢書（原題：教育計画の基礎シリーズ Fundamentals of Educational Planning）』である。1970年の創刊以来すでに100冊近くを刊行しているが、いずれの書も100頁前後とコンパクトであり、実際に教育政策の立案や実施に携わっている行政官・専門家たちが、重要な課題に直面した際に手軽に参照することができるようにと企図されている。ただし、分量的には軽めであるが、いずれの書もテーマとなる専門分野の第一級の研究者たちや第一線の実務家たちが執筆しており、その内容は非常に濃密なものとなっている。そのため、実務家のみならず研究者たちにとっても、学術的に精緻な議論をわかりやすく展開した、非常に使い勝手のよい書が多い。なかでも、今回、とくに今日的課題としての重要性や緊急性の高いテーマを選び出し、日本語訳が刊行されることとなったのは、とても素晴らしいことである。

　ちなみに、本シリーズの第1巻である『教育計画とは何か（*What is Educational Planning?*）』（IIEP初代所長のPhilip H. Coombs著）の冒頭では、「教育計画とは何か？それはどのように機能するのか？また、どのような領域を対象とするのか？さらには、どこの場所でも適用可能なものなのか、それともある特定の場所

でのみ適用できるような性質のものなのか？教育計画の立案者とはどのような人たちなのか？」といった質問が次々と提示されている。これらの質問のなかに、本シリーズの基本的な姿勢が明らかにされていると考える。すなわち、それぞれの国や社会において教育が果たす役割の重要性に鑑み、時代とともに移り変わる教育課題に対応して教育政策を立案・実施していくうえでの基礎となる考え方を提示することが、ユネスコの附属研究所としてのIIEPの重要な使命であると捉えていたことがうかがえる。

　日本語版として翻訳されることとなったタイトルのいずれをみても、教育政策に関心をもつ幅広い方々の興味をひくテーマが選ばれていることがわかる。本シリーズは、ユネスコの付属研究所として途上国の教育政策に関する研究を多角的に推進しているIIEPの出版物であるため、いわゆる開発途上国(以下、途上国)を対象としたものが主となっている。しかし、今回の日本語版に選ばれた各書は、必ずしも途上国にのみ関係するものばかりではなく、日本のような先進国の教育政策や教育問題を考えるうえでも、非常に参考になる面が多いと確信している。なぜなら、今日の教育政策研究には、先進国・途上国という枠組みを超えて幅広く論じられることが強く求められている。そうした際に、シリーズから選ばれた各書は、議論の土台となる論点を明確に提示するとともに、さらなる議論を喚起するための知的刺激を読者に与えてくれるはずである。

　近年、とくに途上国の教育開発に関する研究について、これまでの欧米中心の研究動向に対して日本の研究者たちが非常に積極的に研究成果を発信するようになっている。また、途上国の教育政策に対する実務的な支援においても、国際協力機構(JICA)を中心として日本が重要な役割を果たしていることは衆目の一致するところである。途上国の教育に関する研究・実務において日本が存在感を高めているなか、本シリーズの日本語版が刊行されることはまさに時宜に適ったものであるといえよう。

　今回の刊行にあたっては、私の長年にわたる友人であり、信頼する研究者でもある、鈴木慎一・早稲田大学名誉教授と廣里恭史・上智大学教授がシリ

ーズ編集顧問として全体の構想をまとめ、日本の教育開発研究をリードする黒田一雄・早稲田大学教授と北村友人・東京大学准教授がシリーズ編者を務められるとのことである。この方々であれば、国際的な議論の潮流を踏まえたうえで、日本の読者の方々にとって最も関心の高いテーマを選び、的確にそれらを提示することと確信をしている。私がIIEPの所長をしていたころに、本シリーズの日本語版の出版計画を打診され、非常に嬉しく感じたことをいまもはっきりと覚えている。

また、各書の訳者も、研究者あるいは実務家として確かな実績をもつとともに、これからの日本の教育開発研究がさらに発展していくなかで重要な貢献をしていく専門家たちである。こうしたチームをつくり、今回のシリーズ刊行を実現されたことに対して、深く敬意を表したい。

最後に、東信堂の下田勝司社長には、本シリーズを日本に紹介することの意義を認め、版権に関して非常に細かなルールを定めたユネスコとの交渉にも忍耐強く応じてくださり、こうして日本語版の刊行を実現されたことに、IIEPの元所長として、またアジアの一研究者として、心から感謝申し上げたい。

マーク・ブレイ
（香港大学教授・IIEP 元所長）

「ユネスコ国際教育政策叢書」日本語版序文

　人の国際移動の爆発的増大、グローバル経済の急速な展開、情報通信技術の長足の進歩、そして知識経済の台頭は、世界各国の教育システムにも大きな変容を迫りつつある。留学や教育機関の国際的連携等のクロスナショナルな教育形態は一般化しつつあり、教育のバーチャル化の萌芽は、教育システムのボーダレス化を飛躍的に進展させる可能性を示唆している。また、国際的な市場経済競争の激化を背景に、OECDのPISAを初めとした国際学習到達度テストの結果が教育政策の決定過程においても大きな影響を与えるようになっている。このような教育を取り巻く国際的環境の変化は、従来一般に国内的な政策課題と捉えられがちであった教育政策・教育計画を、グローバルな観点を抜きに策定できない政策分野に変容させている。日本を含めた多くの国々において、教育政策・教育計画の国際的な枠組みに対する理解を進めることが緊急の課題となってきている。一方、世界にはいまだ数億人の非識字者と未就学の児童が存在しており、国際社会はこの問題をグローバルイッシューとして、協力・協調して取り組むことが要請されている。

　こうした教育政策・教育協力の動向に呼応し、1990年代から2000年代にかけて、日本でも国際教育政策分野の研究や大学院レベルの人材養成の体制が急速に拡充されつつある。本シリーズ翻訳出版は、この分野の世界的な研究機関であるユネスコ国際教育計画研究所(以下、IIEP)の最も基幹的な出版物である「Fundamentals of Educational Planning」シリーズのうち、若干を厳選して翻訳し、日本において隆盛しつつある「国際教育政策・計画」研究の基盤強化に貢献することを目的とする。国際教育政策・計画分野の、世界的なスタンダードを日本に提示し、急増するこの分野の学習者が教科書・参考書として使用できる書籍とすることを目指している。

　IIEPは、ユネスコ加盟国の教育計画・教育政策を、行政官の研修や研究

活動を通じて支援するため、1963年にパリに設立された、ユネスコ直属の研究機関である。この研究所が行ってきた、各国の教育行政官を対象とした大学院レベルの各種研修プログラムとこのためのスタンダードな教育計画分野テキストの開発や、「HIV・AIDS と教育」「紛争復興期の教育」研究などの国際社会の関心の高い教育政策課題に関する研究は特に知られている。IIEP はさまざまな研修コースのテキストから本格的な研究書まで、さまざまな種類の出版物を刊行しているが、「Fundamentals」は1967年の発刊以来、世界の教育政策関係者に基本書として親しまれてきた、IIEP を代表する書籍シリーズである。その特徴は、実務者の活用を意識して、比較的に平易な構成・文章と短時間で読める一冊あたりのページ数の少なさであろう。また、比較国際教育関係の文献に多い国や地域を限定した課題設定はせず、常にグローバルで普遍的な教育計画策定手法の開発を目指していることも、このシリーズの特長である。

この Fundamentals シリーズの日本語訳版を出版してはどうか、とのお話しを早稲田大学名誉教授の鈴木慎一先生から編者に初めていただいたのは、2005年の秋のことであった。鈴木先生と親交の深かった香港大学のマーク・ブレイ先生が IIEP の所長に就任されたことが直接の契機であったが、国際的な教育政策・教育計画の学術としてのスタンダードを日本に示し、日本の学界や教育政策決定の場を刺激したい、との強い思いが鈴木先生にはあったのだと思う。これは、当時黒田が研究代表者として開始したばかりの科学研究費 (基盤 A) プロジェクト「教育の国際援助・交流・連携の政治経済学的探求―『国際教育政策学』の構築を目指して」に集う研究者の問題意識とも適合し、そのメンバーを中心として、訳者のチームが構成された。日本でのこの分野の発展のためだけに、無報酬でこの翻訳に取り組まれた訳者の諸先生方に、まずは厚くお礼を申し上げたい。また、本企画をスタートさせたときの、名古屋大学教授 (当時) の廣里恭史先生 (現上智大学) によるユネスコとの著作権交渉のご尽力なしには、この翻訳書の刊行はなかったと考える。さらに、リサーチアシスタントとして、この編集を支えてくれた早稲田大学大学院アジア

太平洋研究科博士課程の渡辺明美さん(前国際協力機構)、嶋内佐絵さん(日本学術振興会特別研究員)の労を多としたい。

　ただ、本翻訳書出版の最大の貢献者は、出版事情の良くないなか、本シリーズ翻訳の意義を認め、出版を英断され、さらにユネスコとの版権交渉が困難を極めるなか、忍耐強く、編者を励まし続けてくださった東信堂の下田勝司社長と二宮義隆氏であろう。記して、謝意を表したい。

黒田一雄
北村友人

はじめに

　過去20年間にわたり、教育計画の立案（educational planning）と教育政策の策定（educational policy making）との間で、関心のバランスが変化してきた。（教育計画の立案に関しては、とりわけ設計(デザイン)、実施、モニタリングが強調されるようになり、教育政策の策定に関しては、いかにして教育政策の代替案を見出し、最終的な決定を行うのかという観点が重視されるようになってきた。）教育政策の立案者(プランナー)たちは、彼らが縛られる制約も、また彼らにとっての好機も、いずれにしても政策決定者たちによって下された決断へと遡ることがしばしば可能であり、そうした決断は大抵、専門家である立案者たちが議論のなかで何らかの役割を演じることなく下されてしまうということを、ますます実感している。

　こうした政策立案者たちの関心の変化は、多くの国で教育を実施する責任主体が地方政府機関や非政府組織（NGO）、さらには民間セクターへと移ってきたことと、同時進行的に起こってきたものである。これは、政策の策定過程(プロセス)が複雑さと拡散の度合いを非常な勢いで増しつつあるなかで、立案者たちが政策策定に関わる論点に対してより関心を抱くようになってきたことを意味している。明らかに、教育政策の策定と教育計画の立案は、常に結びついているものである。しかしながら、立案者たちの洞察力を政策決定者たちが利用するかと言えば、それは必ずしも結びついてはいない。そのため、教育政策の策定過程の一部として早い段階から教育計画に関わる論点について議論してもらうことを確実にしようとする立案者たちの試みが、政策策定のための新しい環境のなかで妨げられてしまうことがないかどうかという点が、今日の立案者たちが直面している課題である。

　このハダッドとデムスキーによる『教育政策立案の国際比較（原題：教育の政策立案過程－応用的フレームワーク－）』は、経験を積んだ立案者たちにとって

も、また新人の立案者たちにとっても、政策の策定過程(プロセス)に関する素晴らしい概論となるであろう。(それと同時に、研究者やその他の行政官たちにとっても、本書の明快な議論から学ぶところが多いであろう。)本書で定義されているように、「政策(policy)」とは、将来の決定を導き出す(とともに制約を加える)ために設計(デザイン)されたり、あるいは過去に下された決定の実施を開始し、導くために設計(デザイン)されたりした決定のことを意味する。政策や政策の策定には、このような時間的要素に左右される性質があり、それが立案者たちにとっては重要な関心事となっている。つまりは、立案者たちの決定は政策によって導かれたり、制約を受けたりするということであり、また彼らは政策によって設定された実施のための指針(ガイドライン)に従わなければならないということである。あまりにも長い間、立案者たちは政策の策定過程において消極的な役割しか果たせず、彼らに対して押しつけられた諸々の制限を所与のものとして受け入れてこなければならなかった。しかしながら、政策の策定において立案者たちがより幅広い役割を果たすことが緊急に必要とされている。すなわち、政策の決定者としてではなく、代替的な政策の選択肢(オプション)がもたらす量的ならびに質的な損害や利益に対して政治上あるいは行政上の決定者たちの注意を喚起することができる、政策の策定過程におけるパートナーとしての役割である。

　教育開発そのものと同様に、政策の策定過程は、すっきりとして理解しやすい過程(プロセス)というわけではない。教育政策上の決定を下すということに伴う乱雑さと重複といった性質をより良く理解するために、W. D. ハダッドとT. デムスキーは政策の策定における複雑な現実を曲解することなく明らかにするためのフレームワークを提示している。彼らのフレームワークにおいて求められていることの一つが、政策の立案と策定に関する従来の先行研究の多くが拠りどころとしている合理性に対する前提と情報の適切さといったものを、緩く解釈することの必要性である。合理性は、下された決定を評価するうえで依然として必要とされているが、それらの決定を単に当然のこととして仮定するような要素ではない。

　ハダッドとデムスキーによる本書がもたらした重要な貢献は、まずフレー

ムワークを設定したうえで、その意義を4カ国（ブルキナファソ、ヨルダン、ペルー、タイ）における実際の事例に当てはめて検証していることである。それぞれの事例で、なぜそれぞれの国である政策が策定され、なぜそれぞれのやり方に従ってその政策が実施されたのかといったことを説明することで、彼らのフレームワークがもつ意義を示している。ここで強調されるべき点は、ハダッドとデムスキーのフレームワークには、教育計画立案のサイクルがもつ力学（ダイナミクス）を取り上げることができるという利点があることである。彼らのフレームワークは、政策決定を行う以前と以後の関連性を重視したり、立案者たちが一連の決定にもとづき行う政策の実施が次のサイクルにおける教育計画・政策の立案・策定作業のコンテクストを形成するといった、過程（プロセス）の継続的な性質を強調したりしている。

　教育開発において何を実現することが可能であるかという点に関して、著者たちは新しい楽観主義を提示するという重要な貢献を行っており、このことは特筆すべきであろう。伝統的な政策立案モデルの不十分さと、政策の策定における合理性の欠如とが重なり合い、教育関係者たちの間で悲観的な雰囲気を醸成してきた。1960年代や1970年代の教育において支配的であった単純な楽観主義と同様に、こうした今日の悲観主義も決して正しいものではないということを、W.D.ハダッドとT.デムスキーは示してみせている。ハダッドとデムスキーは、われわれ政策立案者や分析家（アナリスト）たちが直面している困難な仕事に関してより深い理解を促すとともに、教育政策の策定と実施のどちらにおいてもわれわれはさらに良い仕事をすることができるのだという自信をつけさせてくれている。

　　　　　　　　　　　　　　　　　　　　　ダグラス・M・ウインダム
　　　　　　　　　　　　　　（ニューヨーク州立大学アルバニー校・シリーズ編集委員）

目次／教育政策立案の国際比較

教育政策研究の地平を拓く　マーク・ブレイ……………………… i
「ユネスコ国際教育政策叢書」日本語版序文　黒田一雄・北村友人 ……… iv
はじめに　ダグラス・M・ウインダム……………………………… vii

序　文 …………………………………………………………… 3

第1章　教育政策分析のためのフレームワーク ……………… 5

政策の定義と範囲 ……………………………………………… 5
政策の策定 ……………………………………………………… 7
政策分析のための概念フレームワーク ……………………… 12
　A．現状分析（13）
　B．政策の選択肢を生み出す過程（20）
　C．政策の選択肢に関する評価（22）
　D．政策の決定（24）
　E．政策実施の計画立案（25）
　F．政策のインパクト評価（アセスメント）（29）
　G．次の政策サイクル（30）

第2章　教育の立案活動における政策分析の応用 …………… 31
――4つの典型的な事例――

　1　ペルー：包括的かつ革命的なアプローチの事例 ………… 33
　2　ヨルダン：漸進的アプローチから総合的アプローチ
　　　への移行に関する事例 ……………………………………… 39
　3　タイ：特定課題から戦略的課題への移行の事例 ………… 46
　　政策サイクルの第1段階（46）
　　政策サイクルの第2段階（51）

4　ブルキナファソ：外部から影響された総合的アプローチ… 53
　　　政策サイクルの第1段階（54）
　　　政策サイクルの第2段階（59）
　　　政策サイクルの第3段階（62）

第3章　事例研究からの教訓(レッスン)……………………………64
　　1　ペルー………………………………………………… 66
　　2　ヨルダン……………………………………………… 69
　　3　タ　イ………………………………………………… 70
　　4　ブルキナファソ……………………………………… 73
　　5　4つの事例に関する総合的な議論………………… 75

第4章　結論──政策立案者たちのための含　意(インプリケーション)のまとめ──………88
参考文献ならびに応用的な文献のリスト………………………… 92

解　説　北村友人 ……………………………………………………94
　開発途上国における基礎教育の普及（95）
　教育改革の過程(プロセス)（96）
　教育改革のコンテクスト（99）
　教育改革を進めるための協調関係(パートナーシップ)（102）
　結び（103）
＜参考文献＞（103）
＜注＞（104）

資料　国際教育計画研究所とその叢書：教育計画の基礎
　　　ジャック・アラック……………………………………………… 106

索　引………………………………………………………………… 109

教育政策立案の国際比較

序　文

　本書は、教育の(基礎的な)立案計画に関する土台としての、教育政策の策定を分析するものである。ここで提示される政策分析のフレームワークと事例は、教育政策の立案過程における概念面と運用面の間の重要な結びつきを理解するために、それら(＝概念面ならびに運用面)の指針となるものを、政策立案者たちに提供している。

　第1章は、政策面での主要なアクターたちのコンテクスト(行政的なコンテクストから政治的なコンテクストまでを含む)に沿って、正式な政策決定過程の役割(ならびにその分析的妥当性)を強調する、教育政策の決定に関する融合モデルを提示している。政策決定の過程そのものの詳細を理解するために、政策決定の時点のみならず、それ以前にとられた行動(文脈的評価、技術的分析、政策の選択肢(オプション)の形成・評価・選択)や政策決定の後にとられた行動(計画立案と実施、インパクト評価、また必要な場合には改善あるいは再設計)も含めて考察するための分析的フレームワークが提示されている。したがって、このフレームワークは政策の立案過程の全体を扱っているが、教育計画の立案者たちにとって選択可能な政策決定(ならびに、いかにしてそれらが導き出されたか)に関して、その決定を容易にしたり困難にしたりする諸影響に焦点を当てている。

　第2章では、このフレームワークを4カ国の具体的な事例に適用し、教育政策のサイクルについて検討している。この4カ国(ペルー、ヨルダン、タイ、ブルキナファソ)のそれぞれに関して十分なデータが入手できること(さらには十分な時間が経過していること)から、政策サイクルの全体について議論することが可能であるため、これらの国を事例として選んだ。また、これらの事例に見られる地理的、経済的、教育的、政治的な多様性は、ここで提示している政策フレームワークが一般的かつ包括的なものであり、こうした諸領域のなかで限定的にしか適用できないといった性質のものではないということを

強調している。第3章は、これらの事例研究から学び取れることを要約するとともに、政策立案過程のなかのどのような要素が政策的な改革における成功あるいは失敗に対して影響を及ぼしているのかということを明らかにしようとしている。そして、第4章は、政策立案者たちへの政策的な含意（インプリケーション）をまとめている。

　この分析は、教育政策の立案者たちにとって、主に2つの面において価値があると言うことができるだろう。第一は「政策の分析」であり、このフレームワークに関する方法論と事例研究の結論は、現在の教育政策とその策定過程を分析するうえで役に立つであろう。第二に「政策のための分析」であり、財政能力・管理運営能力や政治的責任（コミットメント）などに関する当該国のコンテクストを踏まえたうえで、このフレームワークは、提言された政策を評価するために適用したり、政策の成果や適切な実施の可能性を予想するために使用したりできる。教育政策の策定に関する深い理解にもとづき計画を立案するのでなければ、そうした計画は失敗に終わるであろう。そうした失敗は、単に技術的な側面における計画の欠陥によって引き起こされるのではなく、なぜそしていかにしてこれらの政策が発展したかということや、計画のもたらす結果が政策分析・形成の新しいサイクルをいかにして導くべきであるかといったことを、計画立案者たちが理解していなかったがために起こるのである。

第1章　教育政策分析のためのフレームワーク

　教育計画の立案に込められた意図(すなわち、教育セクターを成長させ、より効率的に機能させること)には、明快な課題が十分に整理されていること、目的が明確に定義されていること、相互に合意された唯一の選択があること、明白な因果関係があること、予測できる合理性があること、そして合理的な意思決定者がいることが、暗黙のうちに提示されているのかもしれない。それゆえ、セクター分析は主に内容面(つまり、課題、政策、戦略、基準、成果などの、教育開発における「何か(what)」)に焦点を当てている。このような単純な見方に対して、教育計画の立案は、実際には乱雑かつ重複を伴う出来事の連続であり、幅広い視点をもった多様な個人や組織が、技術的かつ政治的な面において活発に参加している。こうした教育計画の立案には、いかなる問題点が分析され、どのような「政策」が作成され、実施され、評価され、そして再設計されるかといった「過程」が、必然的に伴うものである。それゆえ、教育セクター分析においては、教育政策の過程そのものを理解することが求められている(すなわち、教育開発が「いかにして(how)」そして「いつ(when)」行われるのかという過程についての理解である)。本章の目的は、適切で実現可能な政策を策定したり、効果的な計画立案、政策の実施、評価、再設計を行ったりすることを可能にする、その方法や一連の手順を提案することにある。

政策の定義と範囲

　政策過程は、教育計画の立案において非常に重要な要素であるため、すべての議論を始める前に、まずは「政策」と「政策の策定」の概念を明らかにすることが必要であろう。これは、もっともなことではあるが、「政策」に関しては並び立つ定義が数多くあり、非常に多様である。本書においては、政策を

機能的に定義するために、以下のように理解しておく。すなわち、「将来の決定を導くための方向性を提示したり、行動を起こしたり遅らせたり、あるいは以前に下された決定を実施に導いたりするような、明白なまたは暗に含まれた、単一または複数の決定」と定義できるであろう。政策の策定は立案過程の第一歩であり、立案者たちは実施や評価の過程を効率的に設計する前に、政策形成のダイナミクスを正しく理解しなければならない。

しかしながら、政策は、その範囲、複雑さ、決定要素、選択の幅、そして決定基準によって、それぞれ異なる。そうした幅の広さは、図1に示した略図の通りである。課題特定政策(issue-specific policies)は、毎日の管理運営やこの政策の名前が示すように特定の課題に対応するといったことを含む、短期的な決定である。それに対して、プログラム政策(programme policy)は、特定の領域に関するプログラムを設計するものと考えられ、マルチ・プログラム政策(multi-programme policy)における決定は、並び立つ複数のプログラム領域を取り扱う。そして、戦略的決定(strategic decisions)は、大規模な政策の決定や幅広い資源の再配分といったことを行う。それぞれの政策を考えるための具体例として、次のようなものを挙げることができる。

「戦略」：いかにしてわれわれは、公正でありかつ効率的な基礎教育を低コストで提供することができるのだろうか？
「マルチ・プログラム」：初等教育と農村の職業訓練センターのどちらに資源を配分すべきか？
「プログラム」：どのようにして職業訓練センターを全国に設計し、提供すべきであろうか？
「課題特定」：農村の職業訓練センターの修了生たちは、中等学校へ進学することを許可されるべきか？
さらに、そのほかの例を挙げることも可能である。
「戦略」：われわれは、多様性に富んだ教育を導入すべきであるか？
「マルチ・プログラム」：普通教育、職業教育、そして多様性に富んだ教育

の間で、資源をどのように配分すべきであるか？
「プログラム」：どのように、またどの地域に、多様性に富んだ教育を提供すべきか？
「課題特定」：実践的な教科は、どのようにして多様性に富んだ教育のなかでで教えられるべきか？

　明らかに、政策の範囲が広ければ広いほど、その政策に関わる問題点も増えてくる。方法論的ならびに政治的な問題は、対立的な社会における問題の定義、分析的テクニックと楽観主義の活用、適切な理論的基盤・基準・評価・集合に対する懐疑、客観的なハード・データと主観的なソフト・データとの対立、技術的な分析と公共の参加との対立、といった諸課題においてより明確に現れ出てきている。こうした問題についての詳細は、マイケル・カーリー(Carley, 1980)を参照のこと。

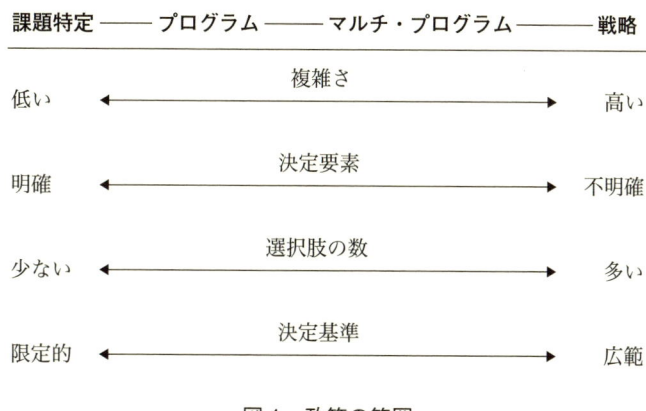

図1　政策の範囲

政策の策定

「政策の策定」という語には、「政策」が有する競争的な概念と想定とが自然

に含まれている。政策に関して社会科学者たちが行ってきた理論的かつ実証的な研究は、政策の策定に必要とされる2つの次元を明らかにしている。すなわち、誰が行うのかという「行為者(actor)」の次元と、どのように行われるのかという「過程(process)」の次元である。歴史的に、政策策定の行為者は一元的かつ合理的であると見なされてきたのに対して、近年の政策分析は組織的(organizational)モデル(あるいは公益(public interest)モデル)と個人的(personalistic)モデル(あるいは私益(self-interest)モデル)とを導入している。また、過程に関わる要素は、総観的(synoptic)アプローチ(あるいは包括的(comprehensive)アプローチ)と漸進的(incremental)アプローチとの間で揺れ動いている。

C. リンドブロムとD.K. コーヘン(Lindblom and Cohen, 1979)は、政策の策定における総観的な手法と漸進的な手法との違いを明らかにした。彼らによれば、総観的な手法では、その極端な形態として、社会全体に関する政策立案を行う当局が中央集権的にしか存在しないということを必然的に伴うことになる。すなわち、経済的・政治的・社会的な管理を1つの統合的な立案過程にまとめてしまうため、それらの間の相互作用を不必要なものとしてしまうことになる。ここでは、(a)直面する問題に関して個々人の認識面での許容範囲を超えることがなく、(b)(価値に関する社会的な葛藤というよりは)それによって解決策が判断され得るような合意された基準が存在し、(c)問題の解決策を考える人間にとって、完全に解決策を見出すまで総観的な分析を行い続けるうえでの適正なインセンティブがある(つまり、漸進的な手法を用いることへの「後退」ではない)、という前提に立っている。

その一方、漸進的な政策策定は、問題解決の青写真を示すための徹底的な状況分析よりも、むしろ相互作用に依存している。政策策定に対する漸進的アプローチは、次のような想定のもとに構築されている。すなわち、(a)政策の選択肢は、非常に不確定的かつ流動的な知識にもとづき、(変化し続ける問題と発展し続けるコンテクストといった)ダイナミックな状況に対応するものであり、(b)そのため「正しい」解決策というものを見出すことができないか、あるいは「正しい」解決策を状況の原因分析から技術的に導き出すといったこ

とができないのである。したがって、いかなる抜本的かつ徹底的な改革も、試みられるべきではない。こうした条件においては、(c)漸進的ならびに限定的な政策調整のみが行われ得るのであり、(d)そうした政策調整には、過去の政策に対して経験した不満を改善することが求められ、現在の状況を向上させたり、緊急の問題を解決したりすることが期待されている。結果として、これらの調整は、試験的(そして、場合によっては一時的)なものであるべきであり、状況のダイナミックさが増すにつれて修正が加えられなければならない。

G.T. アリソン(Allison, 1971)は、中央集権的で合理的な政策策定者についての広く合意されているようなモデルとして、2つの代替的なモデルを創り出した。それらは、(a)組織的過程モデル(プロセス)(the organizational process model)と(b)政府政治的モデル(the governmental politics model)である。前者のモデルは、それぞれ実質的な活力を伴った、半封建的で緩やかに結びつき合っている諸組織の集合体から構成されている、複雑な政府というものを想定している。ここでは、標準的な行動パターンに従ってそれぞれ独立して機能するとともに、政府の指導者たちによって部分的な調整がなされているような、いくつかの組織体から生み出された成果にもとづき、意思決定が行われている。後者のモデルは、このコンセプトをさらに発展させたものである。意思決定に対する組織的なアプローチも想定するとともに、政府政治的モデルはその過程において個々人が果たす役割というものを重視している。つまり、政府の意思決定は、合理的な選択にもとづく一枚岩の国家によって決められるのではなく、むしろ特定の意思決定過程に関わる組織のなかでトップの座を占めるさまざまなリーダーたちによる交渉にもとづいて決められるのである。それぞれのリーダーは、直面する問題に対する自分自身の考えとともに、自らの組織が担っている責務や、彼ら自身の個人的な目標といったものによって、そうした交渉を強いられているのである。

「政策策定のための統合モデル(a consolidated model for policy making)」：先述の行

為者(actor)と過程(process)という2つの次元だけでは、政策策定のダイナミクスを完全に捉えることはできない。これらは、図2に描かれている配置図のように、異なる構成へと統合され、再構築されなければならない。

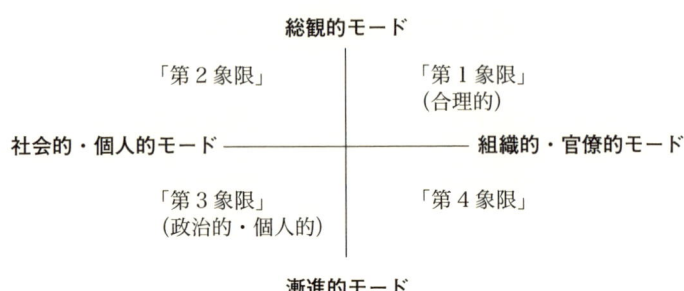

図2　政策策定の次元

　政策の策定における行為者は、横軸に位置づけられる。水平方向に広がる一方の端は、問題に対するそれぞれ独自の概念や個別の価値に導かれながら、政府の省庁や教員組合などを含むさまざまな利益集団が、それらの間での交渉によって意思決定へと到達する、社会的・個人的モードの範囲である。それに対して、もう一方の端は、軍隊や国際的コミュニティなどの組織的な統一体のうちで意思決定が行われる、組織的・官僚的モードである。政策の策定過程は、漸進的アプローチから総観的アプローチへと至る、縦軸に位置づけられる。これらの2つの次元が、新しい配置図を生み出すのである。

　この新しい配置図の1つの極(第1象限)は、総観的な手法と組織的・官僚的モードが組み合わさっている合理的なモデルである。この極における意思決定は、一元化されており、合理的かつ中央集権的であるとともに、完全に技術的であり価値の最大化を伴うものである。それに対して、これとは逆の極(第3象限)が、漸進的な手法と社会的・個人的モードの組み合わせである。この極における政策の策定とは、自己利益、政治的取引、価値判断、複合的合理性などによって特徴づけられる政治活動である。多くの政策策定はこの

2つの極の間のどこかに位置する、と言うことは容易なことである。政治的・社会的・官僚的な諸現実に関して無知なままで適用されるような分析テクニックは、それほど深く状況を分析することができないであろう。同様に、自己利益、利益供与そして価値判断が加わった曖昧でシステム化されていない政治的決定は、無秩序とまではいかないかもしれないが、確実に破綻した状況へと進むことになるであろう。

　すなわち、政策の策定に対するバランスのとれた見方が、政策策定の政治的・組織的な諸側面といったコンテクストにおける、分析的な合理性というものをもたらすのである。これは、ダグラス・ノース(Douglas North)が1993年にノーベル経済学賞を受賞した理由ともなった、制度派経済学における先駆的な研究にもとづくものである。さらに、合理的な前提条件を修正することに加えて、アイデアとイデオロギーを分析のなかに組み込み、社会変革のための組織へと基本的な役割を組み替えることによって、ノースは自身の経済理論を発展させた。それらは、「経済の長期的なパフォーマンスの基礎をなす決定要素」である(North, 1990)。

　こうしたバランスのとれた政策策定は、教育分野において最も適切なものである。教育政策の策定に関する研究の多くは、教育システムと教育変革の双方の性質に起因する、この過程のなかに見られる複雑かつ広範囲にわたる特徴を指摘している。教育システムにおける重要な特徴の一つは、社会経済構造との顕著な連関のなかに見出すことができる。そのため、いかなる政策の変更も純粋に技術的なものだけではなく、社会・政治・経済的な諸次元を含むのである。たとえば、システムを修正するためのいかなる試みも、それによって子どもたちが社会的・経済的な進歩を遂げる機会が減ることになるとある集団によって認識されると、強固な反対にあうことになるであろう。そのため、民主化のための改革に関するあらゆる見解は、必然的に政治的な問題とならざるを得ないのである。その他にも、広範にわたる経済的な諸問題への解決策として学校が認識されているように、教育システムと経済の間にも複雑な連関を見ることが可能である。こうした考え方は、政策の変更を

促すものとなる。

　教育システムの内部的な面に関して、教育システムは水平方向にも垂直方向にも連結し合っている諸組織が構成する複雑なネットワークであると言うことができる。そのため、いかなる構成要素が下す政策決定も、システム全体に対して強い影響を及ぼすことができる。また、教育システムの外部的な面に関しては、教育はすべての人に関わる問題であるように見えるとともに、ほとんどすべての人が教育に対して意見を言う資格があると感じている。そのため、政策の策定を行うには、教育に対して関心を抱いている社会の多様な構成者たちからの、さまざまに矛盾した要求の間のバランスを保つとともに、彼らに対して支援(あるいは少なくとも忍耐)を求めることが必要となるのである。

政策分析のための概念フレームワーク

　意思決定は、政策過程において非常に重要な事項であるが、そうした意思決定が下される前には分析的かつ(あるいは)政治的な活動(すなわち、分析、選択肢の創出、交渉など)が行われたり、意思決定に続けてそれと同様に重要な立案活動(すなわち、実施、評価、必要な場合は再設計)が行われたりすることは明らかである。本書では、政策決定の前段階、決定過程、そして立案後の段階を網羅する、教育政策分析のフレームワークを紹介する。このフレームワークは、実際の活動を紹介するものではなく、むしろ認識し分析すべき要素を抽出し、それらの詳細を明らかにするための概念的なモデルである。そのため、こうしたフレームワークは、いかなる政策策定モデル(図2)の複雑な過程(プロセス)に関しても、それらを十分に捉え、統合できるような幅広さをもつべきである。また、同時に、政策過程におけるさまざまな構成要素の機能や相互作用がいかなるものであるかを判断するために、それらの構成要素を分類すべきである。図3で図式的に要約されているような合成的なフレームワーク(詳細は以下の項目を参照)には、7つの政策立案過程から構成されており、最初の4つ

は政策策定に関連し、5番目の項目は計画であり、6番目と7番目の項目は政策の調整に関する項目である。

(1) 現状分析
(2) 政策の選択肢の創出
(3) 政策の選択肢に関する評価
(4) 政策決定
(5) 政策実施の計画
(6) 政策の効果に関する評価
(7) 次の政策サイクル

このフレームワークは、多面的であり広範な過程を網羅しているため、必然的に複雑なものに見えてしまう。しかしながら、政策分析の対象を一定の要素にのみ限定してしまったり、ある要素を軽視してしまったりするようでは、政策分析へのアプローチが不十分なものにならざるを得ない。また、そのような政策分析における限定的あるいは偏向的な見方が、多くの文献や公共的な場における議論などに見受けられるように、合理性と政治性の対立に関してや、官僚的なアプローチと組織的なアプローチとの間の対立に関して、歴史的に見てもさまざまな論争の原因となってきた。ちなみに、このフレームワークに関する上述の7つの要素は、第2章の事例研究や第3章の結論においても議論の枠組みとして活用する。

A. 現状分析

政策の変更は、セクターにおける何らかの問題(複数の問題であることもあり得る)への対応として行われることが一般的であるため、教育セクターとそのコンテクストに関する正しい理解から始めなければならない。そのためセクター分析に加えて、教育セクターの政策決定やときには実施過程にさえも

影響を与えることがあり得る、政治、経済、人口統計、文化、社会問題などを含む社会的なコンテクストのあらゆる側面について、政策分析は考慮すべきである。

国の背景

分析対象国の一般的な特徴(位置、地理、人口、文化、社会階層)は、教育政策分析に対して明白な示唆を与えている。これらがさまざまな関わり方をしながら、教育政策の策定過程をより複雑にしている。典型的な問題としては、異なる集団が、教育の役割に関してそれぞれ異なる価値観をもっているということである。つまり、教育が経済的・政治的な権力へのアクセスを表象する限りにおいては、教育への異なるアクセスや関心といったものもまた権力への異なるアクセスを意味することになる。そのため、とくに物やサービスへのアクセスがますます不平等になっているような国においては、矛盾や葛

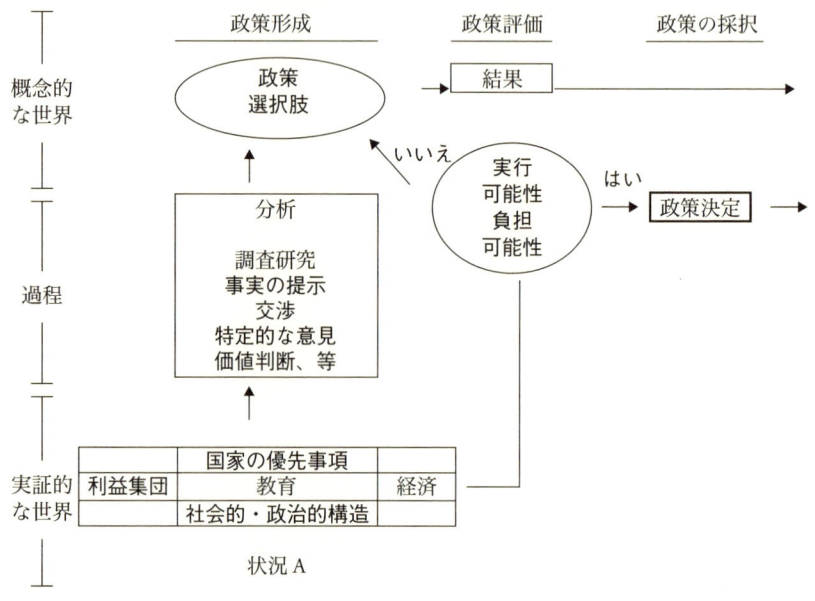

図3　政策分析のための

第1章 教育政策分析のためのフレームワーク 15

藤がとりわけ深刻な結果となっている。

政治的なコンテクスト

　国内における政策策定の過程、教育の相対的な価値、教育が社会政治的な過程で果たすべき役割を理解するうえで、政治的な環境の分析が必要であることがこれまでに強調されている。開発に携わる「国家の政治的エリート (national political elite)」の優先事項と教育に携わる「教育分野のエリート (educational elite)」の優先事項との間の違いを、明確に区別しておくことが重要である。それは、教育省のトップ（事務次官など）が彼を任命した政治的エリートとは異なる考えをもっている可能性があるということのみならず、多くの国では教育セクターにかなりの裁量が与えられているためである。したがって、教育分野のエリートと政治的エリートの間でお互いの目指す方向性が一致していなかったり、少なくとも密接に連関し合っていなかったりしても、

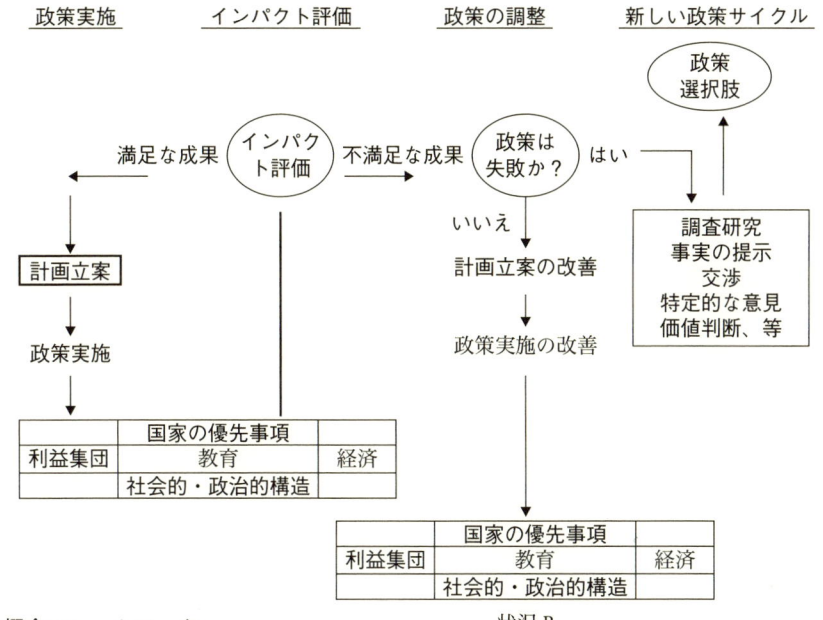

それは全くおかしなことではない。

　国家レベルで政策立案するための能力(キャパシティ)が政府に備わっていることも、政治セクターの組織分析において非常に重要な変数となる。さらには、政策立案を行う官僚たちの専門性やどこで訓練を受けたのか(海外の大学かもしれない)といったことも、エリートたちのイデオロギーに影響を与え得るであろう。

　最終的に、政治セクターの組織構造は、教育開発に対しても影響を及ぼしているのである。多くの開発途上国では十分に成熟した政党が育ってはいないが、もしそういった政党が存在している場合は、それらの政党が有する価値や優先事項といったものも、政治的コンテクストを分析する際の一端として捉えられる必要がある。

経済的コンテクスト

　経済的な領域に関して、政策アナリストは、現在の一般的なマクロ経済状況と、とくに人的資源の状況について、理解をしたいと考えている。しかしながら、さまざまなセクターの将来的な動向や当該国の財政的な資源について予測をしておくことが、教育セクターから経済分野に求められていることや、とくに一般的なインフラストラクチャーや財政資源などの経済状況から教育セクターがどのような影響を受けるのかといったことを判断するうえで、より重要である。

　第一に、人口統計の推移、都市化、移民など、経済のあらゆるセクターの成長に連結する変数は、労働市場に対して重要な影響を及ぼすとともに、結果的には教育と技術研修の必要性を高めることになるであろう。第二に、経済開発のレベルは、教育システムが学校を建設し教育機会を拡大していくうえでの能力(キャパシティ)を、大きく制限してしまうことにもなるであろう。十分な能力(ケイパビリティ)を有する企業の存在が必要であることは言うまでもないが、必要とされる経済的なインフラストラクチャーがなくては学校を建設することは難しい。また、経済開発のレベルは、政府によって設定される税制の幅がどの

ぐらい可能であるかといったことを決定づけるのであり、そうした税収の多寡が政府による教育分野への支出に対しても影響を及ぼすことになる。第三に、経済成長率は、ある特定分野における技術の必要性を予測するために重要なだけでなく、将来的にどの程度の資源が不足することになるのかといったことを予測するうえでも重要である。すなわち、成長率が上昇すればより多くの資金を教育分野に配分することが可能になるが、逆に成長率が減退すると教育分野への配分が削減されることになるため、こうした予測を行うことが必要である。

教育セクター

教育セクター分析は、当該国の教育セクターにおける主要な課題を明確化し、理解することから始まる。そうした課題は、次の6つのカテゴリーに分類することができるであろう。すなわち、(1)教育機会へのアクセス、(2)教育サービスの配分における公平さ、(3)教育システムの構造、(4)内部効率性、(5)外部効率性、(6)セクターの管理運営を行うための組織的な配置、という6つのカテゴリーである。これらの構成要素に関する詳細と、これらを分析するために用いられる手法については、Haddad and Demsky(1994)、Kemmerer(1994)、Coombs and Hallak(1987)、Mingat and Tan(1988)、Windham(1988a, 1988b)を参照のこと。

これら6つのカテゴリーに分類される諸課題を分析する際には、それぞれの課題には「発展的な性質(evolutionary nature)」があるという点に注意を払うべきである。つまり、教育システムの開発に関する諸課題は、時間の経過とともにどのように変化してきたのだろうか、といったことを考慮に入れなければならない。教育上の必要性を充足させたり、何らかの問題を解決したりすると、しばしばその結果として新たな必要性や問題を生み出すことになる。たとえば、教育システムを拡大し、新しい施設を準備することは、提供される教育の質に関する問題や、より大きくなった教育システムを管理運営するための教育行政の能力(キャパシティ)に関わる問題を、自然と引き起こすことになる。そ

れに加えて、通時的な教育の分析を行うことによって、矛盾する複数の目的の間を揺れ動いてしまうような教育システムの傾向といったものについて、より繊細に理解することができるようになる。教育アナリストは、通時的な政策のダイナミクスに対する歴史的かつ発展的な視点をもつことで、なぜ特定の政策がある時点において支持されているのかということを、より良く理解することができるようになる。また、過去を研究することで、教育政策が実施されるためにどの程度の時間を必要とするのかといったことも、学ぶことができるのである。

変化のダイナミクス

　政策転換が行われなければならない出来事のなかで、そうした変化に対する賛成あるいは反対の力学を評価することなしに、現状の評価を十分に行うことは不可能である。そのような評価は、さまざまに異なるタイプの政策が成功する機会や、それらの政策を推進し実施するために活用される戦略といったものに対して、示唆をもたらすであろう。ノーベル賞を受賞したNorth (1994)は、「今日の社会科学者たちが直面する諸課題のなかで、社会変容に関するダイナミックな理論を発展させることよりも大きな困難はないであろう」と言って認めている。それと同時に、彼は「制度的なフレームワークの結果としての交渉力を有する個人や組織の存在は、システムを永続させるうえで重要な役割を担っている」と主張している。したがって、分析すべき重要な社会政治的な要素は、利益集団の存在と彼らがもっている相対的な力である。

　開発途上国では、関係するすべての利益集団を特定することは不可能であるが、少なくとも教育の「提供者(providers)」(最も重要な提供者は、教師たち)と「消費者(consumers)」(最も重要な消費者は、親、生徒、雇用主たち)を特定することから始められるであろう。もし提供者たちが十分に組織化されているならば(実際、多くの場合そうである)、いかなる教育変革を推し進めるうえでも支持勢力あるいは反対勢力として大きな力になり得る。もし教育変革が、結果として

彼らの地位や特権を脅かすようになると、彼らの利益が侵害されることになる。また、消費者たちも力をもってはいるが、一般的に言ってその力は不完全なものである。彼らは、異なる文化的、職業的、あるいは社会経済的な集団に分かれていることもある。これらの諸集団は、教育の量的な側面と質的な側面のどちらに関しても、しばしば全く異なる関心をもっている。教育システム内における政治的な政策策定者たちや決定者たちと密接に結びついている消費者たちは、彼らには不釣合いなほどの影響を及ぼすことができるであろう。さらに、大学生たちのなかにそういった活動を行う者たちがいるように、路上での激しい抗議活動を組織することができる消費者たちは、彼らにとって好ましい方向へと政策転換が行われるように影響を与えることができる。そのため、政策立案者たちは、改革に関係する利益集団を明確化し、それらの利益集団が改革をどの程度受け入れるかを評価する必要がある。反改革派の利益集団を見つけた場合、その集団がどの程度組織化されているのか、社会においてどれだけの影響力をもっているのか、またその影響力をどのぐらい行使したいと思っているのかを、政策立案者たちは把握しなければならない。

　上述の利益集団とはまた異なる利益集団として、教育システムを統治する行政官たちによって構成される利益集団を挙げることができる。先行研究によれば、官僚たちは、教育システムが適度に拡大し続けることが、それぞれの個人的な利益にも繋がると考えていることが窺われる。また、それらの官僚たちには、いかなる形態であれ現状の教育形態に価値を置く傾向も見られ、現状を変えるような政策に対して抵抗を示すことが多い。そのため、政策分析における大切な要素は、教育官僚たちの個人的な利益が何であるのかを理解し、それらが必ずしも教師やその他の教育専門家や教育消費者たちとは同様ではないということを認識することである。最後に、教育変革が起こるための圧力は、教育セクターの外に位置する個人や集団から発せられたり(たとえば、第2章で詳述するペルーの事例を参照)、個々の教育専門家たちや援助機関といった外部のアクターたちによって加えられたりする(たとえば、ブル

キナファソの事例を参照のこと)。

B. 政策の選択肢を生み出す過程

新しい政策は、一般的にセクターの現状やそのコンテクストが、何らかの問題、政治的決断、または再編計画(総合的な国家計画)によって混乱した場合に生み出される。政策の選択肢は、不均衡を適応させるためのいくつか異なる方法によって生み出され得る。そして、分析を行ううえで、これらの過程を次の4つの様式(モード)に分類することができる。すなわち、体系的(systemic)、漸進的(incremental)、特定的(ad hoc)、輸入的(importation)、の4様式である。ただし、実際の状況のなかでは、これらの様式のいくつかが統合される場合もある。

体系的様式

この見出しからは、この方法が政策の選択肢を生み出すうえで推奨される、あるいは最良の手法であると思われるかもしれない。しかし、これは必ずしもそうであるとは言えず、ある状況下においてはこの方法が不完全あるいは実用的はでないということが判明する場合もある。この体系的様式は、次の3つの作業によって特徴づけられる。すなわち、データの生成、選択肢の形成ならびにそれらの間の優先順位の決定、そして選択肢の精密化である。データは、一般的に2つの源泉(ソース)から入手することができる。つまり、セクター分析を通して得る場合と、既存の専門的知識の集合体(伝統的な学問知識、調査の総合体、比較可能な指標など)から得る場合である。

この様式のもとで行われる政策の選択肢の形成は、かなり複雑な帰納的過程である。もしデータのみにもとづくのであれば、セクターとそのコンテクストにおいて「所与のもの」とされているさまざまな事柄に適合するように、多くの選択肢が生み出され得る。極端に言ってしまえば、知的な帰納的議論は、あらゆる起こり得る偶発的な事柄を通して考えることで、すべての可能な政策の成果を予想しようとする。そして、最適の、あるいは少なくとも効

率的な選択肢を、見出すことができるであろう。しかしながら、知的、政治的、社会的、そして専門的な制約が、政策の選択肢の幅を制限している。さらには、セクターにおける諸課題の重要度や、利益集団の相対的な力関係、そして異なる選択肢の複合可能性によって、それぞれの選択肢には異なる比重や優先順位が与えられることになる。

　政策の選択肢のなかには、問題の所在を確認するうえでのミクロなサイクル(microcycle)を経ることが必要になるものもあるかもしれない。このミクロなサイクルとは、政策形成—検証—修正あるいは維持、という一連の過程である。これは、帰納法と逐次的相互作用を混ぜ合わしたものである。こうした実験や予備的研究(パイロット・スタディ)といったアプローチは、データベースにデータを加えるとともに、政策の選択肢の間に「比重づけ」を行うためのインプットになる。

漸進的様式

　ひとたび教育システム内の問題が確認されると、それに対する解決策がしばしば教育システムに対して強制的に押しつけられる。こうした現象は、その問題に関する公共的な議論が行われたときに、とくに起こりやすい。関心と議論が広まることによって、教育システムはその正当性を維持するために何らかの対策をとることが求められる。緊急性に対する意識が、素早い対応を余儀なくさせる。これらの問題は教育システムのある特定の側面に関して起こることが多いため、そうした対応策に教育システムを適合させるための政策をいかにして形成するかということが課題になる。これは、「行動化(acting out)」アプローチと呼ばれることもあり、政策の策定者が将来の課題を予測して準備するよりも現在の問題を調整することを目指し、それによって漸進的な改善を図っていこうとするものである。

特定的様式

　ときには、問題が教育システムの外に存在することもある。これは、問題として起こるのはなく、新しいエリートの出現や、教育システムが調整や変

更を必要とする重要な政治的事象として見られることもある。ここでは、政策が、教育セクターのなかに合理的な基盤をもたないこともある。

輸入的様式

　世界中の教育システムには、さまざまな新機軸（イノベーション）や流行といったものがある。これらは、政策の選択肢を考えるうえでの源泉（ソース）となり得る。国際機関のコンサルタントとして働く外国人専門家たちは、この様式に対して刺激を与えることができる。しかしながら、他所で採用された政策を輸入するには、それが社会における特定の集団のニーズに合致するとき（すなわち、輸入者がいるとき）にのみ、十分な成功をもたらすことができるであろう。

C. 政策の選択肢に関する評価

　政策の選択肢は、考慮の対象となるそれらの選択肢に関して、何らかの政策的な含意（インプリケーション）を予測することができるような代替的シナリオが考えられるときにのみ、評価され得るであろう。仮に政策の選択肢が実施されれば創出されるような「想像上」の状況は、現状と比較されるであろう。そして、現存する事例から想像上の事例へ移行するというシナリオは、望ましさ（desirability）、負担可能性（affordability）、実行可能性（feasibility）といった観点から評価されることになる。

望ましさ（desirability）

　これには、次の3つの次元がある。(1)多様な利益集団や利害関係者（ステークホルダー）に関する選択肢がもたらすインパクト。すなわち、誰が利益を得るのだろうか？　誰が脅威を感じるのだろうか？　不利益を被りそうな人はどのように補償されるのだろうか？　すべての利害関係者にとって望ましい選択肢とは何であろうか？　といった問題に関するインパクトである。(2)国家の開発計画のなかで明確化されている、支配的なイデオロギーと経済成長の目標との融和性。

(3) 場合によっては、政治的な発展と安定性に対して、政策の選択肢がもたらすインパクト。

負担可能性(affordability)

　教育変革を行うための財政的な費用(コスト)とともに、社会的・政治的な費用(コスト)についても評価される必要がある。これらの費用(コスト)を予測することの難しさは、経済成長を含む将来の傾向(トレンド)を予測する能力にかかっている。これは、経済状況や政治的目標が変化することによる影響を、教育支出はその他の公共支出よりも受けやすいため、とりわけ重要なことである。そこで、代替性のある経済的シナリオを考える必要がある。さらに、私的費用、機会費用、政治的費用もまた、計算されなければならない。それぞれの費用に関して見てみると、私的費用に関しては、教育改革が消費者の費用負担を伴うものとなるのか、そして、その場合には、より経済的に貧しい集団に対してどのようなことが起こるのか、といった疑問が呈される。機会費用に関しては、教育システムに利益をもたらすような他の方法があるのか、またその場合は、現在の計画に対する費用を払うことを見合わせなければならないのだろうか、といった問題が提起される。政治的費用に関しては、もし政策の選択肢がある特定の集団にとって他の集団よりも有利なものになるとすれば、政府はそれに伴う政治的費用を払うことを望むのだろうか、という疑問が起こることになる。

実行可能性(feasibility)

　上述の諸点とは別の、そして全く異なる種類の含意(インプリケーション)は、教育変革を実施するための人的資源の利用可能性である。財政資源を計算することは、容易である。しかし、どの程度のトレーニングを教員に対して課すべきかということを見積ったり、政策の選択肢を実施するうえで十分な人員がいるのかを判断したりすることは、より難しいことである。（前者に関して、教育プログラムやそこで用いられる技術のレベルが洗練されるほど、より高いレベルのトレーニングを受けた人員が必要となる。）　多くの途上国では、より高度なトレーニングを受

けた人員の供給が十分ではない。このことは結局、どのような費用(コスト)によってトレーニングを実施したり、高度な能力を有する人材を連れてきたりするのか、といった問題を引き起こすことになる。また、こうした点と同様に重要なことが、政策をプログラムの計画や実施へと移すにあたり、高度なトレーニングを受けた人材にとって魅力的であり、彼らをその職に留まらせ、さらに彼らを効果的に活用するために必要な組織文化(規範、手続き、環境)というものが存在することである。その他に実行可能性を判断するうえで重要な要素は、時間である。教育プロジェクトに関する多くの調査研究が、プロジェクトの実施において頻繁に時間超過が起こっていることを指摘している。時間に関してより現実的な予測を行う必要があり、これはプロジェクトの実施能力や経験といったものを丁寧に評価することによってのみ行い得るであろう。

　上述の基準が適用されるにあたっては、持続性に関する問題がとくに重要である。教育に関するイニシアティブは、それらが成果を出すまでに長い時間がかかるため、政治的にも経済的にも持続されなければならない。それを保障するためには、慎重に設計されたマクロなフレームワークに埋め込まれている教育セクター全体に関わる政策のなかに、政策の選択肢に関する長期的な実践の重点は置かれるべきであり、こうした実践は長期的な国家目標と矛盾なく一致すべきである。

D. 政策の決定

　政策決定が、決定過程への評価やそうした過程の諸段階などに関して十分な検討が加えられたうえでの帰結であることは稀である。そうした決定過程が完結するなかで、決定を下すために関連するすべての情報が集められ、注意深く分析されることで、極めて適切な政策がデザインされ、選択されるであろう。対立する関心や合理性が多様であるということは、選択される政策がそれらの関心の間で巧みに「折り合いをつける(trade-offs)」ことが必要とな

る。そのようにして選ばれた政策は、結果としてどの利害集団の関心にとっても最適なものにはならないかもしれない。しかしながら、そのように合意された結果は、政策を机上から実施へと移すために必要とされる幅広い政治的な支持基盤をもたなければならない。加えて、政治的圧力、評価に対する監督、または単純な時間的プレッシャーが、政策決定の過程を短絡的なものにしてしまうかもしれない。たとえば、「虎の子のアイデア」をもっている大臣は、上述のような政策決定過程の3つの段階(①現状分析、②選択肢の創出、③選択肢に関する評価)を踏むことなく飛び越えてしまい、現状に対する彼自身の見解から政策決定へと直接的に移行してしまうかもしれない。したがって、この段階に至るまでの決定過程が十分であるかどうかを評価するために、次のような質問に答えることが有意義である。

(1) どのように決定が下されたのか？ 政策分析のすべての段階を経たのか？
(2) 決定が、現状の政策からどの程度抜本的な変革を求めることになるのか？
(3) この決定が、他のセクターの政策とどのように一致したものになっているのか？
(4) この政策は、緩やかに組織化されているのか、それとも容易に測定できるように提示されているのか？
(5) この政策は、実施可能かものであるのか、それとも実現可能性が低いものであるのか？

E. 政策実施の計画立案

政策が選定されると、政策実施のための計画立案が迅速に始められなければならない。この段階でなされるべき多くのことは、政策決定を下す際に行われた評価にもとづくことができるのだが、政策実施のための計画立案は、

政策決定過程の初期段階には欠けていた具体性を伴うものになる。

　すなわち、評価の段階では抽象的であったものが、計画立案を行う間に具体的なものとなり出すのである。すなわち、人員、物品、財源などを動かすための「スケジュール(schedule)」が、明確に描き出されるとともに、誰が、何を、いつ、どのように行動するのかといったことについて疑問の余地が残らないよう、詳細についても注意を払わなければならない。また、「物品(physical resources)」については、ひとたび仮定的なリストの内容が確定したら、それらは配備され、また入手可能であることが保証されなければならない。「財源(financial resources)」は、ひとたび支出可能であると指定されれば、政策の実施における遅延を最小限に留めるために、速やかに充当されなければならない。計画を実行に移すうえで必要な「人員(personnel)」については、その他の業務から離れて、取り組まなければならない仕事に対する準備を整えなければならない。さらに、政策実施を導くうえで求められる「技術的な知識(technical knowledge)」は、そうした知識を用いることになる人が事前に習熟しておかなければならない。そして、政策が降りてくることになる「行政システム(administrative systems)」では、そのシステムが明確かつ安定した形で構造化されていなければならない。

　これらの仕事が大掛かりなものであるように、計画立案の作業においても困難でありながら、ほとんどの場合に見落とされている事柄がある。それは、政治的な支持を動員する(mobilizing political support)という仕事である。教育に関する新しいイニシアティブの供給者と消費者がそうしたイニシアティブに対して熱意をもって取り組むという状況が保障されるときに、政治的な支持の動員ということとの間で最も明らかに共鳴するであろう。教育計画は、生徒や彼らの家族が新しいイニシアティブの目的を理解するように、そして、地域社会(コミュニティ)が全体として利益を得るように、立案されなければならない。また、教員や教育行政官、そして彼らの代表者に対するプログラムが、同様に開発されなければならない。新しいイニシアティブは一般的に何らかの業務の再定義を意味するため、教育者たちがこうしたイニシアティブから利すること

があると考えるとともに、教育変革に反対の立場をとる人々が孤立するような状況を生み出すことが大切である。また、学校建設に必要な資材が必要なときに入手可能となり、必要とされる組織的な管理上の調整が行われ、そして、とりわけ資金計画が承認されるためにも、政治的な動員を確保しなければならないかもしれない。そうした政治的な支持を動員するために重要な戦略は、新しいイニシアティブの影響を受けている集団を、計画立案の過程に巻き込むことである。これは、さらなる政治的な支持を強化するのみならず、政策のデザインを改善するうえでもより多くの利益をもたらすであろう。

　計画立案とさらには事実上の政策立案さえも、実際の政策実施の期間中にかなりの作業が行われるであろう。これは、政策実施の期間中に、次のようなことが、例外というよりはむしろ通常のこととして起こるからである。

(1) 政策実施上の制約に関連した諸状況が、政策の修正を余儀なくさせる。
(2) 政策実施の期間中に得たフィードバックが、政策策定者たちによる政策決定とそれに伴う修正の諸側面に関する再評価を余儀なくさせる。
(3) 抽象的な政策の意図を具体的な政策の実施へと単に移し変えることが、再評価と再デザインを余儀なくさせる。これらの修正は、非常にしばしば起こることである。なぜなら、不幸なことに多くの場合、政策立案の過程で実施上の諸問題が非常に低く見積もられているからである。

　誤った判断にもとづき政策実施を容易いものであると捉えてしまうことが、おそらく政策立案において最もしばしば起こる過失である。こうした新しいイニシアティブによって影響を受けている多様な集団が、その計画の検討や構想などにどれだけ深く関与しているかどうかにかかわらず、新しいプログラムの初日に直面する具体的な出来事がしばしば新しい側面を照らし出

すことになる。すなわち、政策を実施する段になって、当初に計画したスケジュールが非現実的であり、導入しようとするプログラムが高望みをし過ぎたものであるということに気づくのである。また、インフレによる損害が、新しい教科書を使用するよりも先に、教員組合による賃上げの要求を引き起こすことになる。新しいプログラムによって授与される修了証明書が、必ずしも子どもたちが望むような職に就くことを保障するわけではないと親たちが結論づけるようなときにも、問題が起こるであろう。さらには、そうしたイニシアティブがあまりにも成功を収めることが見込まれる場合、それは中央の政治家たちの方が自分たちよりも優れた政策提供者であるということの証明になってしまうと地方の政治家たちは感じ、何とか新しいイニシアティブを阻止しようとするといった問題も起こり得る。これらの問題は、しばしば政策の選択肢を吟味する段階や計画立案の段階ですでに提起されたことの繰り返しであり、政策実施の段階においては柔軟なアプローチを採ることによって解決されなければならない。

　どれほど十分に準備をしたとしても、政策の実施には常に何らかの驚きが伴うことになる。そうした驚きは、ときには極めて重要な影響を及ぼしながら、政策の成果を決定づけることになる。そのような驚きを、政策の成果を向上させるうえで活用するための一つの方策は、政策の実施を段階ごとに計画していくことである。すなわち、もし予測し得なかった問題がある段階において起こったとしても、その段階で実施計画の見直しを行い、場合によっては政策決定そのものの再評価も行うことが、可能になるであろう。また、それ以外の方策としては、あるプロジェクトを全面的に実施する前に、慎重にデザインした試験的調査（パイロット・スタディ）を行うこともあり得るであろう。量的な拡大に関する問題や、現実世界に移植しようとしてもそれを維持していくことが難しいような「温室」プロジェクト（"greenhouse" projects　訳注：現実世界とは異なる環境・条件のもとに実施されるプロジェクト）の危険性については、Kemmerer(1990)が詳細に論じている。

F. 政策のインパクト評価(アセスメント)

　政策が、その結果を表し出すぐらいまでに定着してきたら、政策評価(アセスメント)が行なわれても良い時期であろう。こうした政策評価を行うためには、政策が実施されてから定着するまでにどれだけの時間が必要かを、見極める必要がある。政策の成果を測定することが継続的に行われていても、そうした成果に対する評価を慌てて下そうとすると政策の効果を見誤る恐れがある。さらには、新しいイニシアティブを導入した当初には高い期待がしばしば見られるが、そういった期待から政策変更の実質的な効果を切り離して判断を下すために多くの学年度を経ることが必要であり、その意味でもできるだけ最終的な評価の時期は遅らせることが望ましい。その一方で、正確な評価が行われる時期が早ければ早いほど、そのイニシアティブが予想通りに動いているかどうかといったことや、政策のデザインや実施において何らかの調整が必要かどうかといったことを、政策の策定者たちは知ることができる。

　仮にこうした評価によって政策の成果が乏しいということが明らかになった場合、政策そのものが不適切であったのか、あるいは不十分な実施が失敗を招いたのかといったことを把握する必要がある。実施段階における不十分な人的資本、財源不足、不適切な経済的刺激などが、十分にデザインされた政策であっても起こり得る失敗の原因として考えられる。また、その一方で、もし評価が結果の不十分さを明らかにしたり、政策の実施が適切に行われていないといったことが示されたりした場合、それまでの政策決定を再検討し、当初の決定に対してどのような調整を行うのか、さらには何らかの新しい政策を選ぶべきであるのかを判断する必要がある。こうした決断を下すことができれば、政策の立案や実施の段階に改めて移行することになる。現代社会における急激な変化や、教育システムと社会との間の密接な関係などを考えると、入念に計画され、効果的に実践されたイニシアティブでさえも、時間の経過とともに何らかの調整を行うことが必要になってくる。

　政策のインパクトに関する評価(policy impact assessment)は、政策評価(policy

evaluation)の段階で使われるものと同じ基準を用いて行われる。評価過程(アセスメント)に関しては、以下のような疑問が提起されるであろう。すなわち、問題となっている政策の実際のインパクトは、どのようなものであるのか。それらのインパクトは、望まれて起こる変化なのだろうか。そこでの変化は、余裕をもって対処できるものなのか。政策にかかる費用(コスト)が、十分な実施を妨げているのだろうか。費用(コスト)の超過が、実施の長期化や拡大を検討することを不可能にしているのだろうか。政策は、政治的かつ社会的に存続することができるのだろうか。このインパクトは、実現可能なものであるか。十分なインパクトがもたらされているのか。他の環境において、これらのインパクトを再現するには、特別な努力が必要であろうか。

G. 次の政策サイクル

　もし政策イニシアティブが組織的に実行されれば、理論的にしばしばそうであり、図3も提言しているように、政策のデザイン、立案、実施、インパクト評価、再デザインといった過程が、何度も繰り返されることになるであろう。不幸なことに、長期的な政策分析や政策立案は、このようなやり方では行われていない。多くの場合、検証の結果が政策に反映されることがない。その代わり、検証はしばしば状況調査と見なされ、政策イニシアティブを打ち切るために必要とされてしまっている。当該国の歴史のなかでその後、教育分野における政策変更が必要であると改めて議論されるようなときに、政策過程はしばしば新たに開始され、その過程では、かつて行われたような分析、代替的な選択肢の導出、評価、立案などのほとんどを真似ることになったりする。そのため、政策分析の結論は、決して結論づけられることがないのである。理想的には、政策が完全に実施され、政策の成果が見えてくるようになると、政策のインパクト評価の段階がその後に続き、さらには次の新しい政策サイクルへと潜在的に導かれていくであろう。

第2章　教育の立案活動における政策分析の応用——4つの典型的な事例——

　これまで述べてきた概念的フレームワーク(第1章および図3を参照)を、経年的な政策の策定と立案(過程(プロセス)とアクター)の領域を再構築するために、この章では4つの典型的な事例に対して適用してみることにする。政策サイクルの全過程(あるいは、いくつかの事例では複数のサイクル)に関する議論を行い得るだけの十分なデータ(および経過時間)がそれぞれの事例において存在するため、ペルー、ヨルダン、タイ、ブルキナファソという4カ国における特定の教育改革を事例として選んだ。また、これらの事例の地理的、経済的、教育学的、政治的な多様性は、適用する政策フレームワークが一般的なものであり、これらの事例に含まれる何らかの要素によって適用可能性が限定されてしまうことはない、ということを強調している。

　それぞれの事例研究は、政策の策定過程を記録し、実際の状況を再現している。したがって、それぞれの事例における事実関係や状況を可能な限り正確に描写するとともに、重要な課題や主要なアクターたちを明らかにしようとしている。また、それぞれの政策決定へと導いている情報や行動を提示し、政策実施の段階で起こった出来事を記録している。さらに、これらの事例研究は、政策決定のダイナミクスを模擬実験(シミュレーション)している。つまり、疑問を提示し、データを評価し、どのような政策行動が実践的であるかについての評価(アセスメント)を行い、交渉を行い、利害関係をもつ集団の間で競争が行われ、異なる制約と利益の間で折り合いをつけるといったことを、すべて行う過程がこの模擬実験(シミュレーション)には含まれている。

　いずれの事例においても、次のような疑問が提起されている。

- 教育に関する諸問題が、適切な社会経済的および政治的なコンテクストのなかで究明され、分析されているのか？

- それらの問題に対処するための政策的な選択肢は、すべて確認されたのか？
- そのような選択肢に込められた政策的な含意（インプリケーション）は、適切に導き出されたものなのか？
- それらの含意（インプリケーション）は、望ましさ(desirability)、負担可能性(affordability)、実行可能性(feasibility)の観点から十分に評価されているか？
- 政策の実施は、十分に計画され、フィードバックおよび修正を見込んで実行されたのか？
- 政策のインパクトは、その政策を継続するか、修正するか、あるいは新たな政策サイクルに進むかといったことを決断するために、適切に評価されているか？
- 政策サイクルの評価に対する国々の反応は、適切であったか？
- 次の政策サイクルは、初期の政策形成サイクルとどのように類似していたり、あるいは異なったりしているのか？

これらの疑問に答えるために、さまざまな出来事を第1章で描き出した概念的フレームワークと諸要素の文脈にもとづきながら検証し、政策過程の各段階について分析を行う。それらの分析は、世界銀行を初めとする国際機関やドナー諸国の援助機関による報告書、政府文書、研究論文などの関連する文書について、広範囲にわたるレビューにもとづいている。したがって、情報、分析、結論がカバーする範疇は、データベースの入手可能性、その範囲や性質などによって制約を受けてしまっていることは明らかである。これらの制約を補うために、政策過程に関わった人々（あるいは、その過程を間近で見ていた関係者たち）に対して、できる限りの聞き取り調査を行った。本章の以下は、それぞれの事例の要約であり、さらに詳細な分析はハダッドとデムスキー(Haddad and Demsky, 1994)を参照のこと。

1 ペルー：包括的かつ革命的なアプローチの事例

　ペルーは、政府が総観的かつ包括的なモデルにもとづく政治改革を行った事例である。その改革は、小学校(初等教育)から大学(高等教育)までを通した全体的な教育システムを包含したものであった。それは、持続的な経済・社会開発を達成するための知的なパワーや広範囲にわたるスキルを国家に供給するために、実践的な教科と学術的な教科の統合を目指した改革であった。また、公正さ(equity)と外部効率性(external efficiency)という問題の解決も目指していた。この政策は、適切に計算され、包括的であり、そして注意深く計画されたプログラムのなかで分析、反応、行動に関わる体系的な過程(プロセス)を通して展開されていた。しかしながら、この改革は失敗と見なされたのである。

政策形成のコンテクスト(状況A)

　文民政府の非効率さに不満を抱えながら10年以上が過ぎた1968年に、ベラスコに率いられた軍人たちのグループが、民主的に選出されたフェルナンド・ベラウンデ・テリーの政府を転覆させた。軍人たちが不満を抱いていたペルーは、深刻な収入格差、大量の農村から都市への移民、出生率の急上昇、貧弱な健康管理体制、絶望的な失業、急激なインフレ、そして欠陥だらけの教育システムといった問題に悩まされていた国であった。

　教育システムもまた無秩序状態にあり、政治化されてしまっていた。教員組合は長年にわたり、最も好戦的であり、最も組織化された全国労働組合であった。教育の供給は、いかなる指標に照らし合わせても、不適切であるとしか言えなかった。たとえば、社会階層間での教育サービスの供給状況は、それぞれの階層の収入よりもさらに不平等に配分されていた。また、ほとんどの卒業生が、そもそも大して存在しないホワイトカラーの仕事に就くための訓練を受けており、技術的なスキルを身に付けた者はほとんどいなかった。就学率および原級留置(留年)率は、驚くほど低かった。そして、国内の多くの地域において、いかなる種類の教育施設も十分には備えていなかった。

変化に対する潜在的な可能性とは、何であろうか？　軍事政権は改革を「遂行(てこ)」する能力をもっており、新たに梃入れされた経済が軍事政権の改革を支えることもできたであろう。しかし、利益集団、教師、省庁、親たちは、一致して改革を支持する一方で、彼ら自身が主張するアイデアももっていた。さらに、政策的変化の明らかな実施機関である教育省は、教育改革を実行するだけの能力を備えていないと見なされるとともに、むしろ政策的変化を妨げてしまう可能性があると見なされていた。

政策選択肢の創出

　政策策定には革命的な性質が備わっていたため、革命的な目標(ゴール)に最も適合する目的はどれであり、どのような教育政策が採用されるべきであり、どのようにしてそれらの政策を実施することが最善であるのかといったことが、本当の選択肢として提示されなければならなかった。政策の選択肢は、「インカ計画(Inca Plan)」として知られる国家機構の全体を刷新するために、十分に練られた革命的な行動プログラムの枠内で、軍事顧問たちによって考えられた。1968年に約束された総合的な教育改革が多くの人から非常に懐疑的な目で見られていたため、政府は文民によって構成された「教育改革委員会(Educational Reform Commission)」を立ち上げた。同委員会は、1970年に『ペルーの教育改革に関する一般報告書(Reform of Peruvian Education General Report)』[以下、一般報告書]』という報告書をまとめ、合理的な推論(すなわち、分析、反応、行動という体系的な過程(プロセス))を通して政策の選択肢を創出するという革新的なスタイルを縮図的に示した。この教育改革委員会は、その当時の教育システムを不平等であるとともに非効率的であり、古臭くて柔軟性がなく、ペルー的な精神にも欠けていると分析した後に、「新しいペルー社会のなかの新しいペルー人」を生み出すための教育というものを実現しなければならないと考えた。この目的を果たすと同時に、すべての欠点を洗い出すための、唯一の論理的な選択肢が、すべての人に多様性のある中等教育(ESEPs)を提供するシステムを、徹底的に再構築することであった。この選択肢は、国際社会のなかに

現れつつあった教育政策と一貫したものであった。

政策選択肢の評価

　政策の目的と改革全体の要素は、3つの異なる時点において評価された。すなわち、(1)軍隊が「革命的」な平等主義の改革を行うという約束とともに権力を掌握した時、(2)教育改革委員会の時期、(3)2年間に及んだ公的な調査過程の間、というそれぞれの時点であった。それぞれの段階において、提案された政策が図3の状況Aに及ぼすであろうインパクトについて、体系的にではないが政策的な含意(インプリケーション)が導き出された。

　改革の望ましさ(desirability)は、キリスト教的人道主義の価値観とすべての市民を平等に扱うべきであるという考え方にもとづき、「人間の解放」と「新しい社会の創設」という目標を実現するためには改革が鍵になるという、軍部のイデオロギー的な観点によって規定されていた。また、負担可能性(affordability)について、改革は自己負担によって行われるであろうと『一般報告書』のなかで想定されていた。財務省は、負担可能性に関してより詳細な調査をしたが、改革のための資金を調達するうえでの歳入に関する予想は、曖昧なままであり続けた。同様に、改革の実行可能性(feasibility)に関する評価も不十分であった。すなわち、必要とされる人的資源をどのように供給するかといった問題に関する十分な分析は、決して行われなかった。そして、改革のスケジュールはすでに立てられていても、誰もそれを真剣に受け止める者はいなかった。

　また、提案された政策によって影響を受けた他の集団のなかには、こうした改革を望ましいものであるとは見なさなかった人々もいた。大学当局および学生たちは、このような改革を彼らの権力に対する脅威であると見なした。貧困層の人々や教育を受けたことがない人々もまた、改革を支持すべきかどうか決めかねていた。しかしながら、改革を受け入れることに気乗りしない雰囲気も、改革についての理解が深まれば一掃されるであろうと軍部は考えていた。それゆえに、2年間にわたり公的な場でも私的な場でも、利害や関

心をもった人々によって改革に関する文書についての議論が広く行われた。さらに、軍の若手幹部たちが、この改革に対する人々の意識を高め、大衆を動員するために、国のあちらこちらに派遣されたのであった。

政策の決定

　1972年に軍部は、徹底的な改革を行うことを発表した。その改革は、すべての教育段階と教育の種別を対象とし、教育過程におけるコミュニティの参加を求め、国家の教育官僚を再組織化し、ペルーの開発を進めるうえで必要な項目を網羅するカリキュラムを確立することを目指した。その詳細を見てみると、次のような改革が含まれていた。たとえば、基礎教育センター(Centros de Educacion Basica: CEB)は、従来の初等教育段階と中等教育段階を融合して、もともと合計11年間であった教育期間を9年間に減らそうとした。そして、基礎教育の最後の2〜3年間を、職業技術訓練に集中するという案を打ち出した。基礎教育を修了すると高等職業訓練学校(Escuelas Superiores de Educacion Profesional: ESEPs)［すなわち、アカデミックな要素と実践的な要素の組み合わせを必修とする3年間のプログラムによる職業訓練学校］に進むことができ、この学校は基礎教育を修了したすべての生徒たちに開かれていた。ESEPsは、ペルーにおける唯一の公立中等教育学校であり、この学校を卒業することが大学進学への必須条件となった。

　こうした新たな戦略的政策は、2年間にわたる議論のなかでさまざまな主張を行ってきた利害集団から提起された修正案も織り込んだものであったが、主に1970年の『一般報告書』にもとづいて策定された。つまるところ、それらの修正案を取り入れたのは、体系的な政策をデザインする努力の一部としてよりはむしろ拒絶や反対を避けるための工夫であった。こうして行われた政策決定の主な特徴は、次の諸点を含んでいる。(1)その決定は、総観的(synoptic)アプローチを通して達成された。大統領の諮問委員会(後に教育改革委員会へと引き継がれた)は、教育システム全体に関する長期的かつ広範囲にわたる研究を行い、そうした決定の問題点、論理的な反応、とられるべき政

策行動に関する分析を提示した。また、(2)制度的なインフラに関する釣り合いのとれた改善(15～20年ぐらいかかることが予想された)を必要とする、当時の「状況A」からの革新的な発展であった。そして、(3)単一の包括的な開発計画に則り、他のセクター改革とも首尾一貫していた。

政策実施の計画立案

　上述の改革を実施するための計画は、3段階の実施スケジュールから構成されていた。それらの段階には、以下の事柄が含まれている。すなわち、制度的・行政的な変化と、財政的・人的・物的・技術的・政治的な資源(リソース)の動員であった。世界銀行を初めとして、国連教育科学文化機関(ユネスコ)、米国国際開発庁(USAID)、カナダ国際開発庁(CIDA)、ハンガリー政府といった諸機関のすべてが、この改革(とくに多様化した中等教育分野)に対する財政的・技術的な支援の提供を約束することで、実質的な役割を果たした。

　この改革が実施されていくに従い、ペルー政府の低い行政能力、不十分な人材、(改革に対する国民からの支持の欠如に現れている)軍事政府に対する国内的な不満、財源不足などのために、1972年に打ち出された政策は継続的かつ徹底的に修正されていった。政策実施に関するスケジュールや予定は厳しく修正された。そして最終的には、高等職業訓練学校(ESEPs)(さらには基礎教育センター(CEB))に関する実験的なグループを立ち上げることを優先したために、即座に教育セクターの全体的な改革を行うことは諦めたのであった。

政策のインパクト評価(アセスメント)

　教育改革のインパクトは、(図3に示されている「状況B」に帰結するように)1972年に描かれたような結果の予想に反して、決して正式に評価(エヴァリュエート)されることはなかった。もしそのような評価が行われていれば、結果は概ね否定的なものであったと思われる。政治的には、改革(とくにESEPs)は軍事政権に対する不人気の高まりに伴い、幅広い層からの抵抗を受けていた。政策の実施が非常に限定的であったため、ほとんどの生徒がESEPsや他の改革学校への入学

を選ばなかった(試験的に開校された11のESEPsへの入学率は、定員の50％以下であった)。生徒たちは、新しい学校が社会的な流動性をもたらさないと考えたのみならず、ESEPsの卒業生たちに対して大学側が入学許可を与えなかったことも、新しい学校に対する彼らの見方を規定する要因となった。さらに、貧しい農村地域(とくに先住民言語であるケチュア語を話す地域)における教師たちの質が、都市部の学校における教師たちの質よりも低かった。それに加えて、ESEPsで提供された職業訓練は、ペルーの労働市場のニーズを満たすものであったとは言えなかった。そして、経済的にもESEPsの運営には、伝統的な学校よりもかなり多額の費用を必要としていた。要するに、これらの条件に対して詳細な 評 価(エヴァリュエーション) は行われてはいないが、この教育改革は絶対的に、望ましいものではなく、負担可能性も実行可能性も低いものであると見なされたのであった。

新たな政策サイクル

1980年に軍事政権の代わりに新たに再選されたベラウンデ政府は、新たな政策サイクルに入ったが、(十分な過程(プロセス)を経ずに)いきなり政策決定の段階へと飛んでしまった。教育改革に関する正式な評価(アセスメント)が不足し、代替的な政策の選択肢を提案したり評価したりするといった試みが欠如していたにもかかわらず、政権の座に就くとほぼ即座にベラウンデは、1972年の改革を放置することで実質的にはそれを破棄することと、彼自身によるかつての文民政権時代の伝統的な教育システムを復活させることを決定した。前政権の改革を明確に拒絶するのではなく、むしろ放置するというベラウンデの選択は、相対的な実行可能性にもとづくものであった。すなわち、放置という消極的なアプローチをとった場合でも、拒絶した場合と同様の結果が得られることが明らかであったため、依然として改革を支持していた利害集団とあえて対決する必要性はなかったのである。その時点で、まだ数校のESEPsや改革学校しか設立されていなかったため、こうしたアプローチを実行することは容易であったと思われる。最終的には、1983年に総合的教育法(Comprehensive

Education Law)が採択され、9年間の基礎教育とそれに続く ESEPs というコンセプトは廃止された。そして、6年間の初等学校とそれに続く5年間の中等学校(2年間の普通教育課程と3年間の多様化された教育課程から構成される)が復活したのであった。ESEPs は、高等技術学校(Higher Technical Institutes)へと改編された。

2　ヨルダン：漸進的アプローチから包括的アプローチへの移行に関する事例

　1970年代初頭にヨルダン政府は、人的資源の供給と雇用に関する問題を解決するため、中等学校の多様化という教育政策を導入した。それから15年後に、悪化した経済状況に促され、多様化された教育の拡大とともにかなりのカリキュラムの改編を伴う、新たな教育改革に取り組んだ。こうした改革は、教育サービスの受け手に対して多様化の魅力を高めるとともに、国内および国外の経済的需要の変化に対応することを目的としていた。同時期に教育改革を遂行していたペルーでは総観的アプローチが採用されたのに対して、初めのうちヨルダンでは漸進的な道を採用していた。

政策形成のコンテクスト(状況 A)

　1950年代後半から1960年代前半にかけては、ヨルダンにとって急速な経済成長の時期であった。しかしながら、1967年のアラブ－イスラエル戦争の結果、イスラエルの占領によってヨルダンがウエストバンクを失ったことで、こうした経済成長も中断されてしまった。それは、ウエストバンクの農業に最適な土地と観光資源を失ったことを意味するとともに、25万人以上のパレスチナ人がイーストバンクに移住してくることとなった。そして、1970年と1971年に起こったヨルダン人とパレスチナ人による国家の統制をめぐる争いによって、経済の回復は妨げられてしまった。

　1970年代初頭のヨルダンは、移行期の国であった。熟練労働者の不足は同時に、非熟練労働者とアカデミックな教育を受けた若者たちが溢れているという状況を示していた。そのため、教育システムは機能不全に陥っている

と見なされた。中等学校の生徒たちのうち、わずか10％の生徒たちが商業学校や工業学校に在籍していた。そして、それらの学校は数も少なく、十分な施設・設備や適切なカリキュラムなどをもつこともできずにいた。それに対して、アカデミックな教育とホワイトカラーの仕事に、高い価値が置かれていた。

　構造的には、重大な障害もなく政策変更を行なう可能性が、教育システムのなかにはあった。つまり、非常に中央集権化された政治権力構造(ならびに教育システム)は、いかなる政策決定に対しても必要とされる支援を提供することを可能にしていた。しかしながら、ヨルダン社会の多様な諸側面は、どのような政策変更が彼らの利益となり、また彼らの価値観と一致するのかという点に関して、独自の見解があることを示していた。さらに、国家の財源もまた、教育を変化させることに対して制約を加えていたのである。

政策選択肢の創出

　政策変更のための選択肢は、限られたデータと分析にもとづき生み出されていた。政府は、人的資源の状況とそれに対する教育・訓練の影響について調べるために、いくつかの調査研究を委託した。それらの調査研究の結果は、専門職補助の人材や専門技術者たちが相対的に不足しているのに対して、普通教育を受けた中等学校卒業者たちが過剰になっている状況を明らかにした。その一方、世界銀行とユネスコはそれぞれ独自の教育セクター支援や教育セクター分析を行い、普通教育に見られる過剰な理論中心主義を批判し、中等教育段階において実践的・職業的な教科を提供することを重視した。

　上述のような国家の人的資源のニーズに応えるために、ヨルダン政府は教育開発における4つの政策選択肢を検討した。それらの選択肢は、次の通りであった。(1)職業学校に対して優位を占めている普通中等学校という既存の教育システムを継続する。(2)職業学校の数を増やし、アカデミックな普通学校の数を減らす。(3)予備的な職業訓練の教科を準備学校段階で導入するとともに、ポスト準備学校段階における新しいタイプの職業訓練機関

(＝職業訓練センター(the trade training center))と多様化された中等教育(単一の教育機関におけるアカデミック・コースと職業訓練コースの組み合わせ)を導入することで、教育システムに修正を加える。(4)異なる年齢の学習者たちが、現実的な生活場面で活動するとともに、国家の経済開発に貢献する過程(プロセス)のなかに置かれるような、実践的な場へと学校を改変することで、教育システムの全面的な構造点検を行う。

政策選択肢の評価(エヴァリュエーション)

　これらの政策の選択肢は、不完全かつ略式的なやり方で評価されていた。選択肢(1)は、望ましさと負担可能性の観点から評価され、却下された。政府は、既存の教育システムを変更する必要性を感じており、費用(コスト)の見積もりでも既存のシステムを維持することは財政的に難しいことが確認されていた。選択肢(2)については検討されたが、主に負担可能性と望ましさの観点から却下された。職業学校には費用が掛かり過ぎるとともに、企業経営者たちのなかにも多少の訓練を受けたという程度の(十分に訓練されたというわけではない)従業員候補者たちを好む者はそれほど多くはなかった。ユネスコによって提案された選択肢(4)は、実行が難しいという理由から却下された。ヨルダン当局には、時間、財源、人員の観点から多額の投資を必要とする、教育システムの十分な再設定を求めるような包括的なアプローチ(あるいは、第1章で定義したように総観的(synoptic)なアプローチ)を実行するだけの準備が整ってはいなかった。図3の「状況A」における関係性を十分に明確化することはなかったが、選択肢(3)は、負担可能性、望ましさ、実行可能性の観点から評価された。世界銀行は、資本支出に対する貸付とともに、政府財源のなかに示された費用(コスト)に関する諸要素を評価することに責任をもった。アカデミックな教育と組み合わせることで職業教育の地位を高めるために、総合学校(comprehensive school)という形態が国際社会(とくに世界銀行)から推奨されていることを踏まえて、ヨルダン政府の高官たちはこの選択肢が望ましいと判断した。さらに、経済の発展パターンやそこで求められる特定の技能というもの

を前もって予想することはできないため、経済の諸セクターにおける人材のニーズを充たすうえでも、そうした教育は柔軟な基礎を提供するであろうと考えられた。それにもかかわらず、こうした教育形態は、まずは試験的なプ(パイロット)ログラムとして導入された。政策の漸進的(incremental)な性質(それゆえにリスクが低い)は、そのような改革に対する要求が提起されたというわけでは決してなかったことを意味する。先述のように、親や生徒たちは、さらなる教育を受ける機会や上位階層への社会移動のための手段として、アカデミックな教育を見なしていた。こうした親や生徒たちの見解が考慮されなかったという事実は、後に政策が採択されたときに問題を引き起こすこととなった。

政策の決定

　包括的な教育を導入するというヨルダン政府の政策は、普通教育、職業教育、多様化された教育の間で資源をいかに配分するかという問題を提起しており、(すでに第1章で説明した)マルチ・プログラム政策であった。この政策決定には、9年間の基礎教育の継続的な拡大、包括的な教育(comprehensive education)という概念の導入、産業プログラムを強化するための職業技術課程の再設定、新たな専門領域とトレーニング方法の開発といったものが含まれていた。

　この決定は、主に世界銀行からの強い勧めとともに、ユネスコによる助言も受けつつ、ヨルダン政府が自らの評価を加えたうえで下された。この決定がもつ重要性は、こうした政策に対して漸進的なアプローチを採用したということであった。すなわち、試験的なプログラムを基礎として政策を導入するということに、ヨルダン政府の教育当局は喜んで賛成したのであった。

政策実施の計画立案

　このように政策変更に対して漸進的なアプローチが採用されたため、政策実施のための詳細な計画についてはそれぞれ特定のプロジェクトに委ねることとなり、政策実施に関する長期的な計画はあくまでも大まかな枠組みを

決めるものとなった。政策が実施されるにつれて、プロジェクト学校においてアカデミックな教育と職業教育との間に隔たりが生まれてきたことに対して、懸念が抱かれるようになった。結果として、総合学校(comprehensive school)に対して期待された社会的・教育的な統合は、起こらなかったのである。そして、最終的には、政策決定における段階的なアプローチと歩調を合わせて、ヨルダン政府の教育当局は別なタイプの職業訓練機関(すなわち、一般職業訓練中等学校(general vocational secondary schools: GVSSs))を試験的に導入することを決定した。これらの職業訓練中等学校は、1つの学校のなかで複数の職業訓練コース(たとえば、工業および商業)を提供するとともに、職業訓練学校にアクセスすることが困難である人口の少ない地域を対象にした。

政策のインパクト評価(アセスメント)

多様化政策のインパクトは、正式にも、また組織的にも、評価(エヴァリュエート)されるということはなかった。しかし、それは1980年代半ばに起きた教育システム全体の改革へ向けた動きというコンテクストのなかで、図3の「状況B」で示されているような形で綿密に検証された。その検証は、(1)経済状況における変化と、(b)総合学校の実績(パフォーマンス)とによって、特徴づけられている。

まず、1970年代半ばから1980年代初頭にかけての地域的な景気拡大の時期に大きく改善された経済状態が、停滞し始めたのであった。湾岸諸国における経済的な停滞は、ヨルダンからの輸出に対する需要の低下を招くこととなり、職を失ったヨルダン人たちが帰国し出したことに伴いヨルダン国内の失業問題が再発した。さらに、世界銀行による1990年時点の経済状況に関する予測では、ホワイトカラーの仕事に人気が集中するとともに、労働者が余ってしまう状況が継続すると予想された。

総合学校の実績(パフォーマンス)に対する評価には、相反するものが見られた。1980年から1987年の間、中等教育段階の職業訓練コースへの就学率は19％から29％に上昇した。しかしながら、親や生徒たちは、次の3つの理由から職業教育を普通教育よりも下位のものと見なしていた。(1)ブルーカラーの仕事に

与えられている低い社会的地位のため。(2)総合学校において職業訓練課程の提供するカリキュラムが、アカデミックなカリキュラムよりも劣っていたため。(3)職業訓練コースは完結的であり、上級課程への進学機会を提供することも、社会階層の上昇機会を提供することもなかったため。これらの理由から、総合学校が新たな経済状況に対応するために適するような形で設置されてはおらず、それゆえに政策変更が必要であると、ヨルダン政府は結論づけた。

新たな政策サイクル

　1985年の経済状態は、教育改革の評価について最初に議論された1970年代後半や1980年代初頭の高度経済成長の時代には見られなかったような、教育分野における変化をもたらすための大きな刺激となった。1985年にフセイン国王が、教育改革のための委員会として「教育政策評価のための国家委員会(The National Commission to Assess Educational Policies)(以下、教育政策評価委員会)」を設立し、弟である皇太子を委員長に任命した。この委員会は、現地レベルでデータ収集を行うために中央タスクフォース(Central Task Force)を立ち上げ、教育システムについて検証するためにセミナーやワークショップを開催した。こうした過程は、多くの国民に支えられる政策を形成するためのアイデアや判断材料などを提示することに貢献した。

　政策の選択肢を生み出すために、教育政策評価委員会は当時の状況(「状況B」)を詳細に調べ上げた。その際、人的資源という「輸出品」の重要性を認めるとともに、第一次産業による国内総生産(GDP)への貢献を増大させるために、国内の経済構造を第一次産業に適したものに変えようとするヨルダン政府の意図について検討した。したがって、同委員会は、国内の経済成長を再活性化させるとともに、人的資源の「輸出」を続けることによる外的バランスの維持を支援するために、「戦略的政策」(第1章を参照)を策定しようとした。この教育政策評価委員会に提示された政策の選択肢は、次のようなものを含んでいた。(1)アカデミックな高校、職業高校、総合高校、一般職業訓練中

等学校(GVSSs)のなかから、コミュニティに選択してもらうという体制の現状維持。(2)職業教育を現状以上に強調し、職業訓練学校、GVSSs、総合学校の職業課程の数を増やすとともに、アカデミックな学校の数を減らす。(3)職業訓練カリキュラムの修正やより実践的な応用科目の導入などの形で、かつてのような漸進的(incremental)アプローチを導入する。(4)教育システムの再構築、試験の過程に関する改革、総合学校における多様な課程の設置、すべての教育段階におけるカリキュラムの強化など、大きな改革を実施する。

　これら4つの選択肢はすべて、十分に評価されたわけでも、また比較したうえで評価されたわけでもなかった。教育政策評価委員会は、重要な経済問題とそうした問題にカリキュラムが対応できていなかったことを主な理由として、より抜本的な変更を加えようとしていた。そのため、選択肢の(1)(2)(3)は、重要な検討の対象とはならなかったが、選択肢(4)については十分な評価を行った。ヨルダン政府当局は、改革を求める政治的な意思にもとづき、選択肢(4)のような改革が「実行可能」であると判断した。また、この改革は政府による財政的なバックアップがあり、世界銀行の融資を受けることも検討していたため、「負担可能」でもあった。世界銀行も、この改革の負担可能性について検討したうえで、次の2つの要素次第で改革の成否が決まるだろうと判断した。すなわち、外部支援の供給拡大と、費用(コスト)の回収ならびに費用(コスト)の削減に関する措置をとることの2点であった。

　資金の不足といった不測事態への対応計画(contingency plans)も練られた。そして何よりも、この改革は、親や生徒たちにとって「望ましい」ものであった。つまり、基礎教育段階を拡大することによって、基礎的な知識や技能を身に付けるための基盤を強化する機会をすべての生徒たちに提供するとともに、コア・カリキュラムを強化することによって、職業訓練コースの生徒たちにも中等後教育(post-secondary schooling)への進学機会をもたらすことが可能になるからであった。

　こうした教育改革案に対して、1980年には組織的な反対意見も見られたが、経済環境の変化によって生じた危機感や改革に対する政治的意思に

よって、1987年に主な改革案が採択された。実施計画の作成は教育省に委ねられたのだが、改革に対する官僚側からの抵抗を避けるために、独立機関である国立教育研究開発センター(The National Centre for Education Research and Development)が設立され、現在のところまではこのセンターが改革の実施状況を監督することに成功している。

3 タイ：特定課題から戦略的課題への移行の事例

1966年頃にタイ政府は、中等学校を多様化するための新しい政策を試験的に導入した。この政策の目的は、普通中等教育と変化の激しい労働市場のニーズとの間に見られたミスマッチという、特定の課題を解決することにあった。当初、この政策は、1つの課題に特化し、対象とする学校数も限られたものであった。しかし、約10年後には、2つのレベルで拡大されたのである。すなわち、地理的には、全国の学校を対象とするようになり、政治的には、公正さ(equity)、民主化、国家統合といった戦略的課題の解決を目指すようになった。このように拡大化された政策は、好意的に受け入れられるとともに、順調に実施されており、その主要な目的を達成するという意味で比較的成功を収めていると言えるであろう。

政策サイクルの第1段階
政策形成のコンテクスト

1966年のタイは、比較的安定した軍事政権によって統治された、立憲君主制の国家であった。タイは、主に農村部から成り、多民族国家であった。その多民族性のために、とくに東北部を中心に保安上の問題を抱えていた。また、近隣諸国の保安問題も、この状況を悪化させていた。

1960年代にタイの経済は、とくに工業セクターを中心に急速な成長を遂げたのだが、そういった経済成長は都市部に集中していた。1960年代半ばの失業率はわずか1%程度であったが、タイ政府は人的資源の不足が経済成

長を妨げていると信じていた。さらに、人的資源に関する予測は、上級レベルや中級レベルの技術者が不足すると予想するとともに、人文学系の教育を受けた人材の失業が増大すると予想していた。

　タイの教育システムは、エリート主義であり、非常にアカデミックなものであった。義務教育が4年間から7年間へと拡大されていたが、中等教育段階では次のような諸点に関して深刻な問題を抱えていた。(1)教育資源へのアクセス(基礎教育への重点化は中等教育の財源を圧迫していた)、(2)都市部と農村部の間の公平性、(3)内部効率性、(4)外部効率性。中等教育のカリキュラムは、非常にアカデミックなものであり、生徒たちが上級課程へ進学することに重点を置いていた。しかしながら、発展段階にあるタイ経済にとっては、熟練労働者の供給を増大することが必要とされていた。さらに、いくつかの暗示的なデータによれば、生徒たちが労働市場に入るための準備の機会を、職業中等学校は十分に提供していたようには見えなかった。

　それでは、変化のための可能性は何であったのだろうか？ タイ政府は脆弱な行政基盤しか有していなかったとはいえ、非常に中央集権化された教育システムの特徴が、変化をもたらすうえで役に立ったであろう。しかしながら、親や生徒たちが障壁となったのであった。文化的に、タイの社会では、職業技能よりも知識そのものを最終的に身に付けるべきものとして重んじている。そのため、タイの実業界でも、職業訓練学校の卒業生をあまり高く評価していなかった。さらには、教師や学校行政官たちも、現状を維持することを優先したのである。ただし、前向きに捉えると、教育改革のための資金は十分にあったことを指摘できる。

政策選択肢の創出

　タイの政府当局は、上述のような問題を改善するために教育システムを近代化したいと考えていた。そうしたなか、いくつかの組織による現状分析が行われた。まず、タイ政府が米国経済援助委員会(The United States Operations Missions: USOM)と協力してタスクフォースを立ち上げ、中級レベルの人材の

必要性に焦点を当てた調査を数多く行った。また、教育省の中等教育部が、総合的な教育を大規模に導入することの必要性を訴えるために、独自の調査を行った。さらに同時期に、カナダ国際開発庁(CIDA)が教育セクター調査を行い、これらの調査結果を支持した。

　こうしたなか、将来の人的資源の確保が政府の関心事であり、中等教育政策のために次のような選択肢を検討した。すなわち、(1)大学進学の予備課程と職業訓練課程の並立という既存のシステムの継続、(2)大学進学準備のための中等教育の比重を相対的に減らし、職業訓練中等学校を大幅に増加、(3)職業訓練中等学校の役割を拡大し、総合中等学校(comprehensive secondary schools)を導入、という3つの選択肢を検討したのであった。

政策選択肢の評価(エヴァリュエーション)

　政策の選択肢は、場当たり的なやり方で検証された。教育省とCIDAは、それぞれ独自の評価(エヴァリュエーション)を行った。選択肢(1)は、既存のシステムは変化するタイ経済の当時ならびに将来の人材ニーズに適切に応えてはいなかったため、望ましくないと判断された。選択肢(2)に関しては、職業教育が低く見られていたうえに、卒業生たちが労働市場に出ていくにあたって適切な準備をさせてはいなかったため、やはり望ましくないと見なされた。そして、選択肢(3)が、望ましさ(desirability)、実行可能性(feasibility)、負担可能性(affordability)の観点から評価された。この選択肢は、以前に行った2つの学校における試験的なプログラムにおいて有望な結果が出ていたことと、地域の状況により即した教育を提供することで農村開発に対しても良い影響を及ぼすことが見込まれたために、望ましいと判断された。それに加えて、当時、国際的に広まっていた教育思想が、機能不全に陥っていた伝統的なアカデミック・モデルよりも、そのようなアプローチの方が好ましいという見方を支持していた。また、この選択肢は、それまで行われていた学校教育の経験を活用できるため、実行可能であると見なされた。そして最後に、この選択肢は、職業訓練学校の数を大幅に増やすよりも、負担可能性が高いであろうと考えられた。

CIDA と米国国際開発庁(USAID)は、この選択肢(3)を強く支持し、教育省のなかの関係者たちや教育専門家たちもこの案を支持した。

政策の決定

　タイ政府は、将来の人材ニーズを明確化し、中等教育の卒業生たちの志望目標(アスピレーション)を変えるために、選択肢(3)を選んだ。したがって、第1章で述べたような「特定課題にもとづく(issue-oriented)」改革であったと見なすことができるであろう。必然的に、こうした決定は、既存の大学進学の予備課程や職業訓練課程のカリキュラムに対して、極めて「実践的」なカリキュラムを導入することになった。そうしたカリキュラムでは、貿易、販売、熟練・半熟練労働、商業、中間管理職など、さまざまに異なる種類の職種や地位に対して人材を訓練するために、数学や自然科学とそれらの応用領域を学習した多くの中等教育卒業生を送り出すことを目指した。そのため、柔軟なプログラムのなかで、生徒たちはそれぞれの教育課程を自由に選ぶことができた。

　この決定には、3つの重要な特徴がある。第一に、政府当局は、この政策に関して自由放任主義であった。たとえば、カナダが多様化した学校教育のあり方を主張した際に、その根拠となった理由はタイ政府が考えた理由と異なってはいたが、カナダの立場を受け入れたのであった。第二に、この政策は既存のシステムからの大幅な変更を伴ったが、これは試験的なプログラムであり、非常に限られた範囲で実行された。そのため、いかなる主だった利益集団に対しても、直接的にその利益を侵すことはなかったため、どこからの反対を受けることもなかった。最後に、ドナー(援助供与国・機関)たちのコミュニティが、この政策を積極的に推進した。すなわち、CIDA は、近代的な国家のあり方に対して人々を適応させることに力点を置き、USAID は、州レベルでの政治的安定を確保することに傾注した。

政策実施の計画立案

　政策実施のための計画立案は、CIDA の技術協力プロジェクトや、多様化

した政策を推進するためのUSAIDとタイ政府の共同プロジェクトによって支援され、かなり広範囲にわたるものとなった。タイ政府の教育当局とプロジェクト援助機関は、政策実施の管理運営を綿密に行い、必要に応じていくつかの重要な修正を加えた。プロジェクトの設計・調達・管理の過程において、費用(コスト)の削減とより効率的な運営が目指された。CIDAのプロジェクトでは、講義科目の統合が進められるとともに、後期中等教育のカリキュラムに実践的な教科が加えられた。

政策のインパクト評価(アセスメント)

1970年代初期の「状況B」(図3)の場面に起こった次のような出来事によって、政策の評価(エヴァリュエーション)が推し進められることになった。すなわち学生のデモ活動によって軍事政権が倒れ、反乱の規模は拡大し続けたことによって、タイの政治状況は劇的に変化したのである。タイ経済がかなり停滞したことで、農村部に経済問題が起こるとともに、所得格差が拡大し、都市部では教育レベルの高い失業者が生まれた。普通中等教育においては、内部効率性と外部効率性に関する問題が提起され続けていた。

多様化した学校教育に関する試験的プログラムは、望ましさ(desirability)の観点から成功したと考えられた。つまり、就学率が目標値を上回り(その一因として生徒に対する勧誘を積極的に行ったことが挙げられる)、アカデミックな教育のレベルも高く、生徒たちが後期中等教育において職業教育を選択するうえで学校側からの影響があったように見受けられた。さらに、かなりの支援がコミュニティからも提供された。しかしながら、実行可能性(feasibility)と負担可能性(affordability)の観点から考えると、その様子は必ずしも明るいものであったとは言えない。すなわち、教育システムは、実践的な教科を担当する教師の訓練を満足に行うことができなかったり、カリキュラムに則った指導書や教科書を十分に供給することができなかったりした。また、学校を建設し、運営することは、非常に費用(コスト)が掛かることであった。

政策サイクルの第2段階
政策的な対応：政策選択肢の創出

　教育専門家や教育者たちは、1971年から政策変更の可能性などについての議論を始めていたが、1973年のクーデターが教育改革の動きに勢いを与えることになった。これを契機として、著名かつ評判の高い知識人や官僚たちによって構成された特別委員会(以下、改革委員会)が1974年に立ち上げられ、体系的であり、教育システム全体をカバーする改革のための基礎づくりに取り組んだ。この改革委員会は、独自の調査を委託するとともに、ユネスコや世界銀行によって行われた調査の結果なども参照した(ユネスコによる調査は、都市部と農村部の間で経済成長率に大きな格差が生じていることに焦点を当て、その要因として農民や農村部の労働者たちの教育レベルが低いことを指摘していた)。その結果、改革委員会は、次のような目的にもとづいて中等教育改革が行われるべきであると考えた。①反乱の発生を防ぐために、農村部における中等教育改革の必要性を明確化する。②授業の質を改善する。③生徒たちが労働への準備を整えるための教育を提供する。そして、以下のような政策の選択肢を挙げた。(1)公正さ(equity)、外部効率性(external efficiency)、質(quality)を改善するために、伝統的な中等教育を重視する。(2)限定的な方法で、多様化した教育の実施を継続する。ただし、その際も、優れた形態(モード)として伝統的な中等教育を維持する。(3)多様化した学校教育を拡大し、それを優れた形態(モード)とみなす。

政策選択肢の評価(エヴァリュエーション)

　政策の選択肢が、体系的に評価(エヴァリュエート)されることはなかった。最初に、改革委員会は、上述の目的を果たすためには、1966年の政策が「課題特定(issue-specific)」的であったのに対して、(第1章で説明したように)「戦略的(strategic)」な政策が必要であると感じた。そのため、改革委員会は、彼らの哲学的要望を満たさないという理由で選択肢(1)を却下し、視野が狭すぎるという理由で選択肢(2)を退けた。

その結果、選択肢(3)のみが、仔細に検討された。そして、上述の目的を果たし得るという理由から、改革委員会はこの選択肢を望ましいと判断した。負担可能性の観点から見ると、設備費用に関しては普通中等教育学校よりも20％程度高くなるが、経常経費に関してはほぼ同じになることが確認された。改革委員会は、望ましさの方が費用(コスト)よりも重要であると考えたが、それと同時に、費用(コスト)をさらに削減するとともに、政策の財政基盤を強化するために授業料を値上げすることも可能であると信じていた。最終的に、改革委員会は、試験段階で直面したような実施上の諸問題は避けられるであろうと判断した。

政策決定

多様化した教育を全国規模で導入するという改革委員会からの提言は、内閣によって承認され、国家開発計画の一部に含まれた。この決定の最も重要な特徴は、これが政策サイクルの第一段階にもとづいて下されたということである。試験的な改革をまず行うことで、政府当局は社会で何が求められているのかを正確に知ることが可能になったとともに、新しい改革において直面した諸問題を予測し、対処することができたのである。元々の政策は、国際社会から多くの影響を受けたり、促進されたりするとともに、他国の総合学校から派生したものであったが、実施段階を経てこの政策は「タイが生み出したもの(Thai product)」となった。最終的に、この改革は、意志と政治的能力を有する個々人によって支援されたのであった。

政策実施の計画立案

この政策の形成過程そのものは総観的(synoptic)ではあったが、政策実施のアプローチは漸進的(incremental)であった(これらのアプローチについては、第1章を参照のこと)。つまり、政策が段階ごとに実施されたため、ある段階で学んだことを次の段階において適用することができたのである。改革のための計画は、国家教育委員会(The National Education Commission)と改革委員会によって

幅広く描き出されたが、費用(コスト)などを含む重要な詳細は、教育省の普通教育部(Department of General Education)によって規定された。計画立案のさらなる構成要素については、世界銀行が支援した3つのプロジェクトの文脈のなかで検討された。この政策の実施を通じて、現場の教員やコミュニティの指導者たちの意見が求められたり、実施過程への彼らの参加が促されたりするとともに、生徒や親たちに改革の目的を明確に理解してもらうためのさまざまな努力が見られた。

政策のインパクト評価(アセスメント)

　この政策は、政府による評価(アセスメント)、世界銀行によるプロジェクト審査、そしてアルバータ大学(カナダ)による調査などを通じて、定期的に評価(エヴァリュエーション)が行われた。政策の結果を評価したところ、さまざまな関係機関(タイ政府、世界銀行、カナダ政府)は、この政策に対する彼らの期待(それらは政策評価を行うなかで規定された)のほとんどが、基本的に充たされたと判断した。まず、目標値以上の就学率が達成されたことから、多様化した学校に対する高い需要が継続していることがわかった。また、親たちの評判について調査したところ、この多様化した学校は他の中等学校と同じ位、あるいはそれ以上に優れていると見なされていることがわかった。次に、この多様化した学校が、生徒たちに職業技術を伝えることにかなり成功しているということが挙げられる。しかしながら、このような学校も、生徒たちのキャリアに対する志望目標(アスピレーション)を変えることには成功しておらず、中等教育段階の卒業生たちの多くは勉強を終わらせて職場に入るよりも高等教育段階に進学することをいまだに望んでいた。最後に、この政策は、コミュニティ開発に関する国家目標を促進し、国家の安定を維持することに貢献した。

4　ブルキナファソ:外部から影響された総合的アプローチ

　1960年の独立時に、オート・ヴォルタ(1984年に国名をブルキナファソに変更)

政府は、非常に限られた国家予算のなかで初等教育を拡大する必要性に直面したのであった。オート・ヴォルタ政府は、農村部の人々に対して初等教育を普及させるために、農村地域におけるノンフォーマル教育のシステムを構築するというアドバイスを受け入れたが、その一方で都市部の人々(人数としては農村部よりも少ない)は、伝統的な小学校に通い続けた(政策サイクルの第1段階)。1970年代初頭には、農村教育(rural education)に対する質的な改善が加えられたが、基本的にこのような並立的な教育システムを継続することを政府は選択した(政策サイクルの第2段階)。そして、1986年に政府は、ノンフォーマルな農村教育からフォーマルな学校教育へと、初等教育の支配的な様式(モード)を転換したのであった(政策サイクルの第3段階)。

政策サイクルの第1段階
1960年の政策形成を導いた状況(状況A)

　フランスの旧植民地であり、1983年までオート・ヴォルタとして知られていたブルキナファソは、1960年に独立して共和国となった。内陸地であり、貧弱な土壌や厳しい気候、水不足、鉱山資源の不足、教育を受けた人材や技能(スキル)を身に付けた人材の不足、乳幼児死亡率の高さ、短い平均寿命、そして一人当たりの国民総生産(GNP)の低さなどによって、世界でも最も貧しい国の一つとして見なされている。

　オート・ヴォルタは、資源不足のために、公共投資や国家予算の均衡化を進めるうえでかなりの海外援助を受け取っていた。これは、オート・ヴォルタがドナー諸国に対して過度に依存する状況を生み出し、それに伴いドナー諸国はオート・ヴォルタ国内の意思決定に対して大きな影響力を行使するようになった。

　オート・ヴォルタの教育システムは、フランスの教育システムをモデルとしており、6年間の初等教育と、非常にアカデミックなカリキュラムにもとづく7年間の中等教育を提供していた。非識字の問題は、国内で広く見られた。政府は、次のような困難に直面していた。(1)教育への限られた、そし

て不十分なアクセス。(2)学校の外部効率性の低さ(普通教育におけるアカデミックな性格は、近代的な産業セクターとより関連をもっていたが、教育の質が低かったために生徒たちがそれらのセクターで求められる要件を充たすことができなかった)。(3)留年率と退学率の高さによる、学校の内部効率性の低さ。

　何によって変化を起こすことができたのであろうか？　変化に対する親や生徒たちの期待は、予期された国家の独立によって高められていた。しかしながら、国家の状況はさまざまな制約も示していた。経済的な制約が、費用のかかる大規模な改革の採択を制限していた。そのため、教育システムの開発は、限られたものであった。また、政府は、極度に中央集権化しており、地方の諸機関は未発達のままであった。結果として、いかなる改革の責任も、首都のワガドゥグーでの決定次第であった。

政策選択肢の創出

　国家が直面する厳しい経済状況のなかで、いかにしてすべての子どもたちに基礎教育へのアクセスを提供するかという課題が、アフリカでの豊富な経験を有する2人のフランス人教育者たちによって率いられた調査団に課された任務であった。このフランス人専門家たちは、当初、フランス植民地時代のアカデミックな学校教育パターンが、ほとんどのアフリカ諸国で必要とされた開発のあり方には適していないと感じていた。というのも、アフリカでは主に農業経済を基盤としていたからであった。この調査団は、オート・ヴォルタを45日間訪問し、人口、人材のニーズ、経済状態などに関して、限られたデータ量ではあったがそれらを収集した。データ不足のために、彼らは「できる限りの推測」をしなければならず、多くのデータが純量(ネット)ではなく総計的(グロス)なものにならざるを得なかったことを彼らは報告している。また、農村部における高い非識字率と教育サービスの不足が、オート・ヴォルタの教育が直面している大きな問題であると、彼らは結論づけている。さらに、彼らの調査は、教育サービスの不足、外部効率性と内部効率性、教育にかかる費用(コスト)の高さといった問題に対して、とくに焦点を当てた。こうした状況に対

応するために、調査団は政策的な選択肢を 3 つだけ挙げることにした。すなわち、(1)すべての人に教育にアクセスする機会を提供するために初等教育システムを拡大する、(2)初等教育段階の第 3 学年修了後に能力別クラス(stream)を導入する、(3)より適切なカリキュラムにもとづく短期の学習プログラムを設定して、代替的(オルタナティブ)な教育システムを導入する、という 3 つの選択肢であった。

政策選択肢の 評　価(エヴァリュエーション)

　これら 3 つの選択肢すべてに関する十分な評価は、決して行われなかった。ノンフォーマル教育を好むという独特の哲学をもっていたフランス人の専門家たちは、アカデミックな初等教育への普遍的なアクセスを提供しようとする選択肢を、カリキュラムの不適切さや費用の高さなどから望ましくないものであると判断して、却下した。また、初等教育の第 3 学年修了時に能力別クラスを導入するという 2 番目の選択肢は、負担可能であると見なされたが、社会的分裂や社会的な葛藤、エリート主義などを招くとして、やはり却下されたのである。そして、唯一、詳細に検討された選択肢は、識字教育や農業技術訓練を提供することを目的とした、ノンフォーマルな農村教育プログラムという代替的な教育システムの案であった。ただし、この選択肢は、「状況 A」に対する 含　意(インプリケーション) という観点から評価されることは決してなかった。むしろ、人口成長、経済成長、人材ニーズなどに関する限られた予測にもとづき、こうした決定は下されたのであった。初等教育とは対照的に、ノンフォーマルな農村教育には、以下のようないくつかの利点があった。まず、間接的にではあるが、農村部における所得や生活水準を向上させるうえで、より関連性のある教育を提供することができるという意味で、望ましいものであると判断された。また、農村部に既にある人的資源や自然資源を活用することで、より容易に実行可能であると考えられた。さらに、6 年間の代わりに 3 年間という期間を設定することによって設備費用が最小限に抑えられるとともに、学校が生産的な活動を行うことで経常経費が相殺されることが見

込まれたため、費用(コスト)を低く抑えられると期待された。この調査団は、親たちの反応については評価(アセスメント)をしなかったが、2つの想定を行った。1つ目の予想は、教育を受ける機会が全くないよりは、3年間という短い期間でも教育へのアクセスが確保されることを好むであろうというものであった。そして、2つ目の予想は、普通学校の卒業生よりは地元の住民たちが教壇に立つ方が、彼らの習慣や子どもたちのことをより良く理解しているので、好ましいと判断するであろうというものであった。しかしながら、現状に関する適切な調査を行い、適切な含意(インプリケーション)を導けば、ノンフォーマル教育よりもフォーマル教育の方が、農村部の貧困状況から抜け出すための鍵となると見なされていることから明らかなように、この調査団が下した判断は致命的な失敗であったと言えるであろう。

政策の決定

　本質的には、ノンフォーマルな農村教育システムを構築することは、十分な分析を加えられることがないままに決定された。フランス人専門家たちによる報告者は、オート・ヴォルタ議会の下院によって承認され、ノンフォーマルな農村教育(基礎的な識字や計算力を身に付けるための3年間のプログラム)が最も有力な教育モデルとして選ばれたのである。

　この決定は、政策形成に対する「総観的(synoptic)」アプローチを通して下された(第1章を参照のこと)。オート・ヴォルタの教育セクターが抱える諸問題に対してフランスの調査団は、首尾一貫しており、包括的であり、「正しい」ものであると彼らが考える解決策を提示したのであった。この「輸入された(imported)」政策は、フランス政府からの財政支援を伴って移入されたのである。そして、この財政支援が共に入ってくるということが、オート・ヴォルタ政府がこの政策に対して決定を下すうえで、大きな影響を及ぼしたのであった。この政策は、(第1章で特徴づけられたような)戦略的な性質をもっており、既存の「状況A」(図3を参照)から大きく離れることを示していた。そして、こうした政策を支援するうえで適切なインフラの必要性を顧みることな

しに、決定が下されたのであった。これらのすべての要素が、政策の実施に伴う難しさの前兆であった。

政策実施の計画立案

　教育改革のための計画立案は、主として外国人専門家たちによって行われた。1969年の1年間を費やして、ノンフォーマルな農村教育センターの数や教員の人数などに関する目標を設定し、それらに取り組むためのスケジュールが練られた。また、この改革を進めるために、いかにして財源を確保するのかといった点についても、注意深く計画が練られた。財源に関しては、初等教育の縮小によって確保したり、フランスや欧州経済共同体（EEC）からかなりの援助を受けたりした。教育改革計画の立案者たちは、この改革で主眼を置く農村部での教育が農民たちから歓迎されるであろうと自信をもっており、改革の内容について宣伝をして周知するようなことは特段に計画しなかった。

　しかしながら、この教育改革が有する急進的（ラディカル）な性質は、改革の実施を非常に難しいものにしたとともに、この改革を推進するために設けられた諸機関は次々に起こる問題に対して効果的な対応をとることができなかった。こうした状況は、改革の範囲を狭める結果となり、事実上、教育省から農業省へと支援活動が移ることになった。

政策のインパクト評価（アセスメント）

　1970年代初頭に、世界銀行とユネスコの援助を受けながら、オート・ヴォルタ政府はノンフォーマルな農村教育に関する政策の評価を行った。この評価は、「状況B」に関する次のような状況を明らかにした。(1)農村教育は、経済的な影響をほとんど受けていなかった。オート・ヴォルタの経済は、独立以来、停滞しており、低い農業生産性のために農村部からの継続的な人材流出を引き起こしていた。(2)農村部におけるノンフォーマル教育の成果は、相反するものであった。つまり、ノンフォーマル教育センターの開設によっ

て、費用(コスト)の削減には成功した。しかしながら、対象とした人々の約5分の1に対してしか教育機会を提供することができず、受講者たちの学習到達度も月並みであり、これらのセンターは徐々に農業技術を教えることから方向転換したことによって、初等教育の内容の乏しい代替品となってしまった。(3)初等教育は、アクセス、効率、費用(コスト)の問題に、依然として苦しんでいた。

政策サイクルの第2段階

新しい政策サイクル:政策選択肢の創出

　この教育改革に対する評価を行った後、オート・ヴォルタ政府は、自国の状況が独立当時とほとんど変わっていないことを認識した。そうしたなか、政策の選択肢として次の2つのなかから1つを選ばなければならなかった。(1)国家の教育ニーズに応えるために、初等教育セクターを拡大する。あるいは、(2)政策に対して多少の修正を加えることによって、ノンフォーマルな農村教育という代替的な教育を継続する。農村部におけるノンフォーマル教育の成果に見られた相反する結果と、初等教育における相変わらずの非効率性や高い費用といった問題が、政策決定を行うことを困難にさせていた。親や生徒たちは、ノンフォーマル教育に対する信頼を失っており、それはノンフォーマル教育への就学率の低下によって表されていた。学校に対する行政管理の権限を有する教育省は、農村教育に対して最も低い優先順位をつけた。それにもかかわらず、国際機関や先進国の援助機関は、ノンフォーマルな農村教育を推進するように働きかけ続けたのであった。そういった援助機関によるアプローチの多くは、その10年前にフランス人専門家たちが人口と財政分析を用いて分析したのと同様に、教育の目的に対する人々の見解を考慮することなしに状況を分析していたのであった。

政策選択肢の評価(エヴァリュエーション)

　この評価の過程(プロセス)は、独立時に行った評価と非常に似ていた。初等教育へのアクセスを拡大することは、外部効率性の観点から望ましいことではなく、

また予算増加の可能性に照らしてみると、負担可能性が低かった。政策の選択肢(2)は、その含意(インプリケーション)に関する観点から十分に評価を加えられたわけではなかったが、国際的なドナーたちは思想的な観点からノンフォーマルな農村教育を「推進し続けること」に対して、強力に支持を表明していたのであった。さらに、そういったノンフォーマルな農村教育は、フォーマルな初等教育の5分の1の費用(コスト)で済むとともに、若者たちを農村部に留まらせることが可能となるために望ましいと、政策の策定者たちによって結論づけられた。さらに、これはすべての関係者にとって最も魅力的なことであったのだが、国際的なドナー・コミュニティによって支援されていたため、この政策の実行が可能だったのである。教育省をはじめ親や子どもたちは、この教育改革に対して相変わらず反対の意思を表明し続けていたが、いくつもの援助機関からの励ましを受けながら、農村教育は農業省に任せられたのであった。

政策の決定

教育省は、ノンフォーマル教育に反対をしていたが、この政策決定は「最高レベル(＝大臣レベル)」で行われたのであり、ドナー側から提案された財政的な支援にもとづくものであった。結果として、オート・ヴォルタ政府は、基本的にプログラム政策(第1章を参照)であった教育改革法案を1975年に採択し、いかにして、またどの地域へ、農村教育が提供されるべきかという問題への対応を示した。このプログラムの主たる目的は、既存の教育システムの量的拡大にではなく、質的な改善に焦点を当てることにあり、卒業生たちがそれぞれの土地を利用したり、あるいは他の収入獲得のための経済組織(企業など)を通したりして、自立できるようになることを助けることにあった。この政策決定には、次の3つの特徴があった。まず、この政策決定は、農村教育システムのすべての構成要素をカバーしており、包括的(あるいは総観的)であった。また、この政策は、その実行可能性についての十分な検討を行っていない国外の人々によって構想されたものであった。そして、この政策は、オート・ヴォルタの人々にとっては馴染みのないものであった。

政策実施の計画立案

　各援助機関は、この政策に対する支援の意気込みを表明し、教育改革法案が採択されて改革の青写真に関する全体像が明らかになる前から、それぞれ独自の改革計画や改革の実施スケジュールをまとめ始めた。さらに、包括的な「総観的(synoptic)」アプローチの欠点が顕在化し始めていた。こうした政策の実施のためには、複雑かつ繊細なメカニズムやネットワークに関する段取りが必要になるのだが、それはオート・ヴォルタ政府の管理運営能力を超えてしまっており、改革過程で何らかの変化が起きるたびに波紋を呼び続けることになった。

政策のインパクト評価（アセスメント）

　1980年代初頭に、いくつかの援助機関によってノンフォーマルな農村教育の利点に関する大規模な評価（アセスメント）が行われた。それらの援助機関がかつて有していた思想的な傾向に縛られることなく行われたこれらの評価によって、この政策の成果はさまざまな理由から非常に残念なものに終わっていたことが判明した。第一に、ノンフォーマルな農村教育は、次のような理由から望ましいものではないことが明らかにされた。(1)こうした教育は、識字率をはっきりと向上させることができなかった。(2)この教育は、フォーマルな学校教育システムに対する、質の高い代替品となることはできなかった。農村部の人々は、6年間の初等教育よりもこの教育の質が劣っていたために、こうしたシステムを拒絶し続けたのであった。(3)農村部における教育へのアクセスを、それほど向上させることができなかった。(4)農村部から流出する人々の流れをせき止めることができなかった。第二に、この政策は、負担可能性の観点から問題があると判断された。つまり、農村教育の費用（コスト）は、当初予想されたよりもずっと高いものであり、実際にはフォーマルな初等教育よりも高くついたのであった。最後に、農村教育は、農業セクターに対していかなる明確なインパクトも与えることができなかった。

政策サイクルの第3段階

新たな政策サイクル

　政府は、教育財政の増大を伴うことなく、いかにして教育へのアクセスを拡大するのかという戦略的な政策課題に、再び直面することとなった。政策の選択肢は、かつての選択肢と同様なものであった。すなわち、(1)教育機会を増大させるための手段として、農村教育に依存し続けるのか。あるいは、(2)フォーマルな学校教育システムを拡大するために、農村教育を断念するのか、という2つの選択肢であった。

　当時の状況に関する分析は、いくつかの機関によって行われた。教育省は、人口に関する独自の調査を実施し、どのようなタイプの改革を進めるべきかを判断するためにセミナーや会議を開催した。どちらの代替案(選択肢(1)と(2))も費用(コスト)と効率性の観点から望ましいものではないと考えられていたが、上述のように農村教育の方がより望ましくないと見なされた。また、最終的には、人民による反乱のなかでトーマス・サンカラ司令官が権力を掌握し、既存の二重の教育システムよりも平等主義にもとづく教育システムを導入することを支持した。これらの理由から、フォーマルな初等教育が大規模な基礎教育のための実現可能なモデルとなるように、政府はフォーマルな教育システムの重視へと改めて方針を転換したのであった(これは、総観的アプローチであった)。

　政策の選択肢(2)に対する評価過程を促進するために、主要な関係集団(農業省、教育省、高等教育研究省、財務省、教員組合、私立学校運営者などからの代表者たち)によって、多様なシナリオに関して費用的な含意(インプリケーション)を評価するコンピュータ・シミュレーション・モデル(Computer Simulation Model)が活用された。これらの関係者たちは、評価(エヴァリュエーション)、交渉(ネゴシエーション)、修正(モディフィケーション)、取引(トレードオフ)などといった、骨の折れる過程を繰り返し行った。そして、最終的に、ブルキナファソは初等教育の拡大を次のような最も費用効果の高い方法で加速化することができるだろうと、彼らは合意に達したのであった。(1)1人当たりの教育費用(unit cost)を下げるとともに、(2)初等教育以外の教育諸分野から財源を再配分す

ることで初等教育予算を増やす、という方法であった。驚くに値しないが、こうした新たな政策に対しては、農業省や高等教育研究省からいくつかの反対意見も出された。農業省は、農村教育センターを閉鎖するということに関して何の準備もできておらず、高等教育研究省は、高等教育に対する予算削減に繋がるいかなる試みも認めるつもりはなかったのである。このような状況のなか、ノンフォーマルな農村教育に対する最終的な政策決定がどのようなものになるのであれ、一つだけ確かなことがあった。それは、ある政策の継続によって官僚組織の既得権益が確定してしまっている場合に、その政策を転換するにはある程度の時間が必要だということである。

　本章で提示した4つの事例は、アクター間や過程(プロセス)における相互作用を強調するなかで、経年的な政策形成と計画立案のダイナミクスをそれぞれ特定の方法で描き出している。次章においては、これらの事例研究の結果を総合して、異なる政策立案アプローチにおける成功や失敗の可能性に関する教訓(レッスン)を導き出し、教育政策の立案者(プランナー)たちに対する何らかの政策的な含意(インプリケーション)を引き出すことにする。

第3章　事例研究からの教訓(レッスン)

　第2章で概観した各国の事例研究は、第1章で提示した政策の計画立案過程を解明するための2つの分析手段(モデルとフレームワーク)の活用法を鮮やかに描きだしている。図4のようにそれぞれの国の多様な政策形成サイクルをグラフのなかに位置づけてみると、ほとんどの国が第1象限に入ることがわかる。

　これは、政策決定の多くが、総観的(すなわち包括的)なアプローチを採用しており、組織的・官僚的な出所(ソース)(たとえば、軍隊やドナー・コミュニティなど)から出されたのだということがわかる。確かに、組織的・官僚的な様態(モード)(第1象限と第4象限)は、政策決定の顕著な出所(ソース)であった(9つのサイクルのうち6つがここに入っている)。さらに詳しく見てみると、この組織的・官僚的な様態(モード)は、4カ国すべての初期の政策サイクルにおいて支配的であった。これは、ある面においては、それぞれの国の発展段階を反映していると言えるだろう。すなわち、ペルーを除くすべての国において、「顧客」である各国政府の官僚たちと協力しながらも、政策過程を支配したのは国外の諸機関であった。なぜなら、それぞれの国の政府が、国家としての能力を開発する比較的初期の段階にあったからである。それに対して、ペルーにおいては、独裁主義的な軍事政権が政策を強制することができた。

　それぞれの国の政府が制度的な能力(institutional capacity)を開発するに従い、社会的・個人的な様態(モード)(第2象限)が強い影響をもつようになる過程のなかでのみ、政策決定過程は進展するのである。タイとヨルダンでは、教育システム全体の改革という考え方を検証するために、多様な利益集団からの代表者たちによって構成された委員会が立ち上げられた。こうした利益集団には、教員組合、教育省の各部門、学校や大学の管理職たちなどが含まれた。タイとヨルダンのいずれの事例でも、政策の形成過程あるいは実施段階において

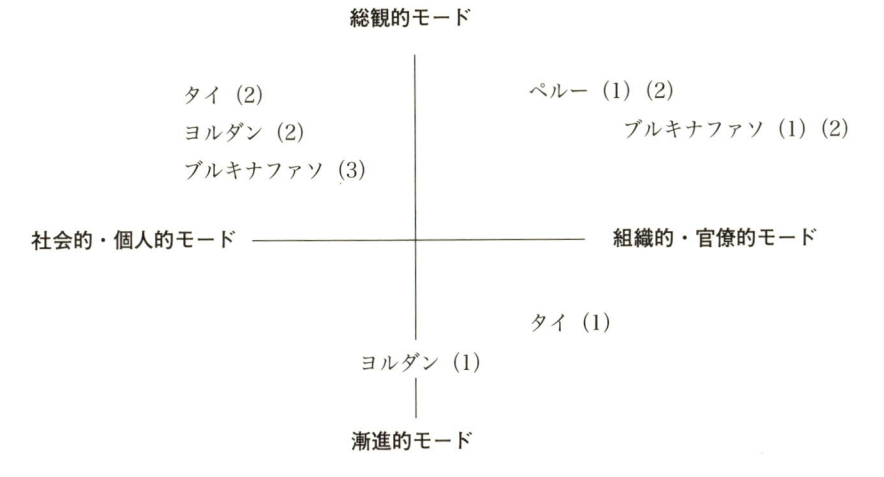

```
                       総観的モード
                           │
        タイ（2）           │    ペルー（1）（2）
        ヨルダン（2）       │    ブルキナファソ（1）（2）
        ブルキナファソ（3） │
                           │
社会的・個人的モード ──────┼────── 組織的・官僚的モード
                           │
                           │    タイ（1）
                           │
                   ヨルダン（1）
                           │
                       漸進的モード
```

図4　政策立案のための決定に関する位置づけ
（　）カッコ内の数字は政策サイクルの段階を表す

親や生徒たちの意見も聴取された。

　ブルキナファソでは、国際社会のなかからさまざまな利益集団が集まり、政策の選択肢を形成し、それらの評価を行った。このように見てくると、図4の第3象限において政策形成が行われることはあまりないように思われる。なぜなら、漸進的な政策形成は一般的に、その影響が限られたものとなり、異なる関係者の間で同じようなレベルでの政治的利益を刺激したりはしないからである。この理由のため、社会的・個人的な様態(モード)によって特徴づけられる相互作用や交渉のタイプといったものを想定する必要はないであろう。

　ヨルダンとタイの政策サイクルの第1段階においては、組織的・官僚的な様態(モード)と政策形成に対する漸進的なアプローチとが交わっていた。どちらの事例も、教育システム全体の改革が及ぼす影響を調べるために、国際的なアクターたちと協力しながら政府の官僚たちが、試験的なプログラムを構築したのであった。いずれの国においても政府が答えなければならなかった重要な問題の一つが、教育改革に対する要求がそもそも存在しているのかどうかといったことであり、試験的なプログラムを通してこの点について明らかにさ

れた。さらに、包括的な改革が導入される前に、数多くの利益集団との交渉を行わなければならなかった。

本章では、ペルー、タイ、ヨルダン、ブルキナファソの事例研究における政策の計画立案過程が有する異なる構成要素に対して、第1章で解説した概念的フレームワークを適用することで、どのような結論を導き出すことができるのかを、詳細に見ていきたい。その際、2つの次元から結論を提示したいと思う。すなわち、(1)各事例から個別に得られる教訓(レッスン)と、(2)概念的フレームワークの各構成要素に関して、複数の事例から横断的に得られる教訓(レッスン)、を導き出すことにする。

1　ペルー

ペルーの教育改革は、高度に計算され、体系化され、内部的に一貫性があり、そして包括的な政策形成の様態(モード)の事例であったことを、明確に示している。この事例は、軍事政権という「中央集権制の、合理的である」革命的なアクターにかかっていた。この軍事政権は、実態分析・反応・行動の体系的かつ技術的な過程を通して、教育問題に対する「正しい」解決策を見つけ出し、教育システムを徹底的に変革したのである。確かに、経済的・社会的・教育的な諸状況に関して十分な実態分析を行い、その分析にもとづいて教育政策を形成したのであった。さらには、国家構造全体を改革するための慎重に計画された行動プログラムのなかで、これらの教育政策は構想されていた。教育セクターそのものに関する計画は、セクター内における論理的な演繹や包括的な範囲の度合いによって、特徴づけられていた。

そうしたなか、一体どこが致命的な欠点であったのだろうか？　政策決定に対するペルーのアプローチがもっていた明確な強みは、実際には重大な弱点でもあったのである。政策形成過程の初期に起こった誤りは、軍部の計画立案者と文民のアドバイザーたちによって政策の選択肢が生み出されたやり方のなかにあった。おそらく、軍部という階層制(ハイアラーキー)の組織に存在するトップ・

ダウンの規律に影響されていたため、政府がペルーにとって最善の選択肢を見出したら、それにもとづく新たな命令に対してあたかも一般市民がおとなしく聞き入れ、その通りに反応するかのように、ペルー政府は行動したのであった。こうしたことは実際にはほとんど起こらなかったのだが、熱意をもって新しい計画を支持すべきであるということを一般市民に対して確実に納得させることが公教育にはできるはずだと、ペルー政府は判断していた。ここで欠けていたことは、基本的な文化的価値観を急激に変える難しさを理解することと、これらの文化的価値観と親が子どもに対して抱く期待との間に存在する家族がもつ深い結びつきを理解することであった。新たな政権が推し進めようとした平等主義的な改革の目的は、ペルー国民によって基本的には称賛されたのだが、それと同時に、そのような改革の志向性と社会的な流動性が確保されることに対する個人主義的な期待感との間で深刻な衝突が起こった。一般市民にとってのこうした価値観の重要性を認識したり、それらの価値観を考慮に入れた政策の選択肢を考えたりするよりも、むしろ共同体としてのペルーのニーズに対して演繹的に生み出された見解と合致する計画を立案することに、軍事政権は集中したのであった。公教育の普及と人々からの意見聴取や協議に多大な努力を費やしたにもかかわらず、人々はそれぞれ個人として政府が進める革命的な改革に積極的に参加すべきであるということを、ベラスコ政権はペルー国民に納得させることができなかった。この不本意な結果は、軍事政権の指導者たちの多くが基本的に彼らの改革は幅広い支持を集めるであろうと考えていたため、彼らをとくに当惑させたのであった。

　政策決定を行う過程は、それ自体が、強みと弱点を併せもっていたのである。その強みとは、1972年の法令に明記された最終的な決定の明確さとともに、軍事政権によって行われた長期にわたる幅広い意見聴取や協議の試みから、主に生まれていたものであった。それに対して、弱点は、改革があまりにも革命的であったため一般市民には受け入れ難く、そのために人々からの意見聴取や協議の初めから終わりまで常に潜在的に見られた不満というも

のを、軍部が少なくともすぐには気づくことができなかったという点にあった。それに加えて、さらに悪いことに政府は、この改革の成功の見込みが低いことに気づきながらも、その段階的な実施について決定したのであった。これが、ペルーの伝統的な教育システムを好ましく思っていた市民やコミュニティに、軍事政権による革命的な改革に対する反対運動を起こさせることになったのである。

　改革に関する決定が下され、その実施計画が立案されれば、その実施過程は政策選択肢の創出や評価(エヴァリュエーション)を映し出すことになる。目標が設定され、献身的な改革者たちが計画を実施へと移すために全力を注いだ。しかしながら、大衆的な支持を得られず、海外からの支援も低下するなかで、不本意ながらも彼らは改革のペースを落とさざるを得なかった。とくに、ESEP職業訓練学校のような最も実験的な側面をもつ改革のためには、海外からの支援が不可欠であった。改革の目的に対する実行可能性に関する懐疑の念が広まると、海外からの技術的・財政的な支援が減退してしまった。それらの海外からの支援は、当初、多様化された教育を全面的に実施する計画へ道を拓くものであると、ペルーの試みを高く評価したうえで行われていたのであった。1980年にフェルナンド・ベラウンデ・テリーが権力の座に返り咲くと、1972年の改革のかすかな残骸のみが実施された。

　これらのすべての点に関して最も重要なことは、教育システムと社会的・政治的・経済的な構造とが相互に関連し合っているということである。それゆえに、いかなる政策変更も、純粋に技術的なものであったり、一元的に合理性があったりすることはあり得ない。異なる利益集団は、教育イニシアティブに対する理解や対応に関して、それぞれ独自の正当な「合理性」を有しているのである。従順な管理者(マネージャー)たちによって「正しい」改革が実行されるように完璧を期したり、公共的な合理性から一元的(あるいは中央集権的)な合理性へと転換したりするよりも、与えられた政策の選択肢に適した多様な合理的見解の根底にある諸利益のなかから、どのような取引(トレードオフ)が実現可能であるかを見極める過程を探ることの方が、長期的に見たときにはより生産的であると

言えるに違いない。

2　ヨルダン

　ヨルダンの事例は、いかにして政策の計画立案過程そのものが(そして、そこに関与するアクターたちが)、時の経過とともに変化するのかということを描き出している。この教育改革の過程は、本質的には国際社会からの指示を受けて、国内外の関連したすべての利益集団から意見などを聴取しながら、限定的な漸進的アプローチから包括的な総観的アプローチへと発展したのであった。これらの概念について、以下で詳しく述べる。

　1970年代に、ヨルダン政府は、包括的な教育を導入するために、より保守的な漸進的アプローチを採用した。それは、主として、一般的な教育状況があまり明確でなかったためにとられたアプローチであった。したがって、改革を慎重に進めることが非常に重要であった。総合学校(comprehensive school)という概念は、あくまでも試験的に選ばれており、漸進的、逐次的、限定的な範囲で導入されたのである。

　確かに、政策を形成するうえでのこうしたアプローチは、次のような多くの観点から優れていると言える。(1)国家レベルで長期的かつ複雑な計画立案を行う必要がなく、それらはプロジェクト・レベルで行えばよかった。(2)国家的な改革や概念的な改革を伴わないため、政策の実施が比較的容易であった。(3)政治的な動員や激しい官僚的な交渉を必要としなかった。(4)政策の修正を行ううえで、大幅な制度変更を行う必要がなかった。これらに加えて、政治的な抵抗も、それほど起こらないであろうと予測できた。なぜなら、失敗するというリスクが限定的であったため、政策を検討するうえでどの利益集団も、それぞれにとっての比較優位と比較不利を明確にする必要を感じなかったのである。

　その一方、否定的な側面として、漸進的アプローチには次のような欠点があった。それは、非常に「リスクが低い」という判断によって、この改革を成

功へと導くために政治的な資本や他の財源などをそれほど投資する気に政府がならなかったことである。これは、政策立案が不十分にしか行われず、結果として政策の実施も遅れることになった。さらに、経済のニーズと教育システムの成果との間に生じた不均衡(アンバランス)に対する「孤立した」反応のために、明らかに教育システム内の一部のサブ・セクターにしか影響を及ぼさず、他のサブ・セクターへの含意(インプリケーション)が導かれることはなかった。

　比較してみると、第2サイクルにはより綿密な計算がなされており、政策形成に関する体系的かつ包括的な様態(モード)であったと言えるであろう。その成功は、次の3つの点に拠るところが大きかった。何よりも第一に、公的セクターと私的セクターの双方から地位の高い(ハイ・レベル)代表者たちが参加して行われた、教育セクターの調査、評価(レヴュー)、分析(アセスメント)に関する網羅的な過程を経たことによって、実現できたのであった。第二に、包括的かつ戦略的な政策ではあったのだが、初期のサイクルと同様に段階的な実施計画が組み込まれていたのでもあった。すなわち、各段階における政策の実施が、体系的にモニターされ、評価されたうえで、その政策の結果は次の段階を修正するためのフィードバックとして用いられた。最後に、最も高いレベル(大臣や事務次官のレベル)での強い政治的意思の組み合わせと、洗練された技術的な機構(研究開発センター(The Centre for Research and Development))とによって、この過程は突き動かされたのであった。

3　タ　イ

　ヨルダンの事例と同様に、多様化した教育を導入する過程は、政策の策定に対する発展的なアプローチであった。1960年代半ばの人的資本の必要性に関する国家目標は、基本的に狭い視野にもとづくものであり、タイ政府は「課題特定(issue-specific)」的な政策を採用した。その時点でのアプローチは漸進的かつ保守的であり、多様化した教育がどのように人々に受け入れるかを政府は見極めようとしたため、導入されたプログラムは試験的な位置づけで

あった。そして、この政策はその後、段階的に発展し、より幅広い「戦略的」な目標を掲げるようになるなかで、タイ独自の特徴を増していった。政策サイクルの第2段階では、この多様化した教育を継続すべきかあるいは断念すべきかに関して政府として検討するなかで、人的資本の必要性、国家統合、教育の公平性といった、いくつかの充たすべき目標を明確化した。したがって、こうした多様な目標を充たすために、政策は「戦略的」なものになる必要があった。そのため、すでに指摘したように、2段階にわたる政策実施は、ヨルダンと同様な漸進的なものになったのである。

　ここで、なぜタイ政府は、同様の試みを行った他の国々と較べて、多様化した教育の導入に成功したのであろうか、という疑問が提起される。それに対する答えとしては、第一に、タイでは多様化した教育を導入するにあたり、主にアカデミックな教育からの落伍者のための二流の教育としては位置づけなかったことを、指摘できるであろう。つまり、教育への「アクセス」を向上させるために、教育の「質」を犠牲にすることはしなかったのである。多様化した学校の卒業証書は、大学準備のための学校の卒業証書と同等の扱いを受けた。さらに、多様化した教育は、中等後教育への準備を行わずに行き止まりとなってしまうような、それ自体で完結するプログラムではなかった。新しいカリキュラムには、生徒たちが実践的なコースを履修することが可能になる大幅な柔軟性が確保されていたが、それと同時に、もし彼らが望めば大学へ進学することも可能であった。

　第二に、当初の政策の視野が狭かった（あるいは漸進的であった）ために、より包括的かつ総観的なアプローチを採用したときに起こるような、激しい反応や論争といったものを引き起こすことはなかった。

　第三に、総観的なアプローチとは異なり、いくつかの限定的な試験的プロジェクトを通して成功の可能性を確認した後に、ようやく全国レベルの政策として検討されたことが指摘できる。政策サイクルの第1段階における漸進的な性格は、タイの人々にその政策を受け入れるかどうかの判断を下すためのテストを行う機会を与えたのである。また、この時点で多様化した教育を

促進するための財政的支援が国際社会から約束されていたことは、明らかにこの政策への支持を増やすことに貢献し、他の政策選択肢を検討する余地を狭めた。ただし、タイの政府当局は、単純にプロジェクト借款(ローン)を受け入れたのではなく、試験的なプログラムを実施することでこうしたタイプの教育に対する要望が高まるかどうかを判断したうえで受け入れたのである。こうした教育を人々が受容し、それに対する要望が高まった時点で、政府内ならびにドナー・コミュニティ内で合意を形成し、最終的に明確なタイ独自の特徴を備えた政策を生み出した。

第四に、政策実施における漸進的な特徴は、「なすことによって学ぶ(learning by doing)」といったことを可能にし、政策の進展に合わせてフィードバックを得ることで、それにもとづいて政策変更を行う機会をもたらしたのであった。必ずしも漸進的な政策実施のアプローチにのみ拠っているというわけではないが、タイにおける政策の実施過程は政策の成功に大きく貢献した。多様化した教育を中等教育の有力な様態(モード)にするという決断は、中央レベルの改革委員会で下されたが、政策の実施過程ではローカル・レベルの教育関係者や教育の受容者(＝親や生徒)たちの参加が行われた。

とくに政策サイクルの第2段階において、政策の選択肢を検討するにあたり、実行可能性や負担可能性といった基準よりも望ましさといった基準が非常に重視されたことは、驚くべきことであった。1970年代初頭の時点では、多様化されたカリキュラムを成功裏のうちに導入した学校の数は少なく、そうした導入のためには多額の費用(コスト)が掛かることがわかっていた。そうしたなか、このような政策を国中で、しかもより低い費用(コスト)で実施することの可能性は、明らかではなかった。したがって、タイ政府は、この政策決定にあたって確かにリスクを負っていたのであるが、そうした決断の背景には、タイの中等教育にとって正しい政策であるという信念があった。多くの国がその導入に失敗したなかで、タイにおける多様化した教育の成功は、政策決定と実施過程が果たす重要な役割を明らかに示しているが、この教育モデルそのものの長所を必ずしも証明しているというわけでもないのである。

4 ブルキナファソ

オート・ヴォルタにおけるノンフォーマルな農村教育の導入(政策サイクルの第1段階と第2段階)は、外部からの勢力によって動かされたことで捻れを伴った、政策の策定に対する総観的アプローチの事例を明らかに示している。国際的なアクターたちは、(1)普遍的な概念あるいは国際的に集積された知というものがあり、いかなる状況に対しても適用可能であり、(2)この知はいかなる国へも移植し得ると、予め想定しているなかで働きかけを行っていたのである。本質的に、問題を明確に認識することができれば、あたかも棚から物を取り出すような要領で適切な解決策を導き出すことができると、それらのアクターたちは単純に考えていた。そのため、当該国の要望や制約にはほとんど注意を払うことなく、必要であるのは技術支援と財政支援を行うことだけだと考えていたのである。

表面的には、そのような教育システムは、新しい政府が負担できるだけの費用(コスト)で基礎教育のより適切な形式を提供し得るように思われた。この政策は、成功のために必要とされるすべての要素を備えていた。すなわち、いくつかの巨大な国際機関による支援が確保されていたため、国際的な関与、財政的な裏づけ、政策の実現可能性の高さ、といった諸要素である。さらに、政策の策定過程で採り入れられた総観的なアプローチには、いくつかの利点があった。第一に、教育改革の包括的な特徴が、政策の実効性を高めるために必要な批判的大衆を生み出すうえで貢献した。第二に、教育改革における制度開発の重要性がとくに強調された。このような利点があったにもかかわらず、なぜこの政策は失敗に終わったのであろうか？

政策の策定過程には、いくつかの致命的な弱点があった。最も主要な問題は、需要に関する要素が完全に無視されていたことであった。政策決定は、専門家たちによる詳細な状況調査を中心に行われた。それらの専門家たちは、代替的な政策選択肢に関して簡単に検討していたにもかかわらず、もと

もと彼らがもっていた偏見にもとづき、問題に対する「正しくかつ唯一」の解決策としてノンフォーマル農村教育を積極的に推したのであった。したがって、彼らは、教育の受容者（＝親や生徒）たちはこの方針を喜んで受け入れると思い込んでいた。政策の策定過程において政府は、この政策選択肢から適切な含意（インプリケーション）を導かず、この選択肢がフォーマル教育へのアクセスを否定し、困難な生活状況から逃れるための唯一の扉を閉めることになるために、親や生徒たちによって拒絶されるかもしれないという事実を見逃していたのであった。

　ここに、重要な教訓（レッスン）がある。多様な利益集団が、政策過程に関わっていなければならない。さもなければ、それらの利益集団は彼らの目的を達成するために、可能な限りの力を用いてこの政策を改竄（かいざん）することになるであろう。ブルキナファソの事例では、親たちが「受動的抵抗（passive resistance）」という彼らの行使できる唯一の手段を用いて、改革に介入したのであった。農村部の教師たちもまた別の利益集団を構成していたが、政策決定の過程で無視されていた。その後、これらの教師たちは、地位や給与の面で小学校教師と同等の待遇を求め、それが改革の財政的な発展を阻害することになった。ブルキナファソのドナーも政策決定者たちも、元々の政策策定過程に多様な利益集団を巻き込むことの重要性を認識していなかった。とくに政策サイクルの第1段階の後に、農村教育が広く受け入れられてはいなかったことに気づいたにもかかわらず、彼らは「セールスマン（＝政策を売り込む主体）」が問題であり、「製品（＝政策そのもの）」が問題であるとは考えなかった。つまり、農村部において人々は農村教育を求めていなかったにもかかわらず、そのように認識する代わりに政策決定者たちは、教育省が問題であると決めつけたのであった。彼らの考え方によれば、教育省が改革を「売り込む」ことに失敗したのであり、単にセールスマンを農業省に交代させ、教育の消費者（＝親や生徒）たちに改革を買わせようとし続けたのである。

　第二に、ノンフォーマルな農村教育の導入と改革は、国際的なドナー・コミュニティによって推進された。この観点から、政府は政策の策定過程にお

ける「追随者」であった。ドナーたちが政策の策定過程に参加すると、(政府とドナーの間で)天秤の皿がドナー側に傾いたのであった。結果として、政策過程における国際社会の介入は、政府を抑えつけることになった。オート・ヴォルタ政府は、いずれにしても援助機関が改革への財政的支援を行うことが分かっていたため、改革の含意(インプリケーション)を分析することに熱心ではなかった。政策が外部のプレイヤーたちによる創造物であったという事実は、国自体が必ずしも政策に関与していたわけではないということを意味しており、オート・ヴォルタ政府はこの政策の「所有者」であるという感覚を全くもっていなかった。

第三に、この政策の設計(デザイン)や実施に関するオート・ヴォルタ政府当局の分析的・管理運営的な能力が不十分であったため、ノンフォーマルな農村教育の導入は実現には程遠い状況であった。

政策サイクルの第3段階は、政策策定の初期モデルからの脱却を示している。ブルキナファソ政府は、異なる利益集団間の相互作用の重要性、政策策定の多様な側面(社会的・政治的・財政的な要素)、教育の提供者と受容者の両者の重要性といったことに気づいたのである。異なる政策シナリオに関する分析的評価(エヴァリュエーション)の過程が、コンピュータ・シミュレーション・モデルの積極的な活用によって進められた。しかしながら、社会的かつ政治的に望ましく、財政的に負担可能であり、国家的に実行可能かつ持続可能であるような政策の生成に対する、このようなアプローチの持続可能性の度合いを評価(アセス)するには時期尚早であると言えるだろう。

5 4つの事例に関する総合的な議論

本節では、第2章で概観した4つの事例から得られた教訓にもとづき、いかにして政策が生み出され、どのように政策立案の結果が政策分析と政策形成の新しいサイクルへと導いていくのかといったことについて、総合的な議論を行う。この総合的な議論は、すべての事例に適用された政策分析の概念

的フレームワーク(第1章を参照)の7つの構成要素を中心に展開する。

現状の分析

いかにして教育問題は認識され、分析されるのか？ どのようにして政策サイクルは開始され、再開されるのか？ ほとんどの事例で、教育セクターの分析とともに、社会的・政治的・経済的な要素の分析が行われている。しかしながら、その重要性にもかかわらず、政策改革の成功に関する実行可能性を評価（アセス）するための、政策変更を支持する(または反対する)勢力についての評価（アプレイザル）は、ほとんど行われていなかった。4つの事例のいずれの国においても、政策サイクルの第1段階では利益集団に関して十分な注意が払われていなかった。ブルキナファソの独立時には、フランス人専門家たちが同国を訪れ、ローカルな利害(とくに親や生徒の利害)に関する分析を独自に行った。ペルーの事例でも同様に、教師や行政官は政策変更に対する障害になるとして彼らを意図的に排除したうえで、教育システムに関する分析を軍事政権が独自に行った。この2つの事例のいずれにおいても改革は、実施の段階で問題に直面し、最後には政策過程において軽視された人々の要求に応えようとしなかったことが失敗を招き、成功しなかった。政策の計画立案を成功させるためには、政策変更のダイナミクスと多様な利益集団の関心とを考慮すべきである。

この議論における重要な点は、制度としての国家のという特質にあり、それは変化を促すこともあれば、妨げることもあり得る。たとえばペルーの事例では、軍事政権が高度に中央集権化されていたという事実は、少なくとも理論上は、教育システム全体の改革をより容易に進めることができたであろうということを意味している。それとは対照的に、タイやヨルダンのように社会的にも政治的にもより保守的な社会においては、教育改革を行うにあたり、より慎重に歩を進めていくことが必要であった。

政策選択肢の創出過程

　この段階では、次の2つの問題を考える必要がある。第一に、政策変更を促した分析は、どのぐらい緻密に行われたのか？そして第二に、いかにして政策の選択肢は形成されたのか？それぞれの事例は、政策の選択肢が、質が高く、知識にもとづき、「自家製」の分析が行われたというわけではないことを、一貫して示している。ヨルダンの政策サイクルの第1段階では、当時の不安的な政治状況が原因となり、実際のデータ収集や分析が不十分にしか行われなかった。政策決定者たちは、国際社会の意見により依存していた。タイにおいても同様に、データは十分に整備されていたにもかかわらず、それらのデータは外国人専門家たちの視点を通して分析されたのであった。ペルーでは、3年間で数多くの報告書が委託されたが、それらはすべて革命的フレームワークにもとづき理解され、実施されたのであった。このことは、国家が直面する問題に対する政策を創出し、評価する、分析的かつ最終的な過程において、確実に偏った見方を伴うことになった。そして、ブルキナファソでは、外国人専門家たちが、彼らの分析で用いた数字の多くは「できる限りの推測」にもとづくものであったことを認めている。政府によって後に行われた初等教育への再焦点化は、ブルキナファソにおいてどのような教育が必要とされているのかを判断するために、教育省が会議やセミナーなどを通して全国規模で行った調査の結果でもあった。

　政策選択肢の創出について考えるにあたり、実践においてはデータを生成するうえでの「体系的な様態(モード)」というものは存在せず、できるだけ多くの選択肢の形成や優先化、さらには精密化を行わなければならないということを、それぞれの事例は明確に示している。通常は、限られた数の選択肢が考案され、それらはアクターたちのイデオロギーによって決定された。ペルーでは、軍事政権が社会改革に対する総体的なアプローチを案出したが、その社会改革のフレームワークのなかに教育改革は位置づけられていたため、政策選択肢の幅が非常に狭くならざるを得なかった。ブルキナファソとペルーの政策サイクルの第1段階では、ブルキナファソにおいてはフランス人専門家たち

によって、ペルーでは軍事政権によって選ばれた政策の選択肢以外は、すべて破棄されてしまった。どちらの国においても、これらの政策は失敗に終わった。ヨルダンとタイでは、幅広い政策の選択肢が創出され、両国ともに当初導入された改革が存続し、政策サイクルの第2段階で拡大された。

　ここで分析された事例では、政策の選択肢は国際的なドナー・コミュニティによって導入されたという意味で、主な様態(モード)としては「輸入」であったと言えるだろう。こうした観点から、その国が到達していた発展段階というものが、重要な意味をもっている。たとえばヨルダンとタイにおいては、国家の能力が高まるに伴い国際的なアクターたちの影響が消滅していった。どちらの国においても、政策サイクルの第2段階に至るまでに、政府の官僚たちが政策立案の主導権を握ったのである。しかしながら、ブルキナファソでは、国際的なドナー・コミュニティが強い影響力を保持し続けた。「輸入」という様態(モード)による政策導入といった外部からの関与は、もしそうした関与が政策過程への一つの投入(インプット)であり、政策という生産物が国内で内面化され得るのであれば、積極的な意味があると捉えることも可能であろう。それは、国際機関にとって途上国を世界システムへと「繋げる」ための一つの方策であり、国家間における相互の豊かさをもたらすものとなるであろう。しかしながら、もし十分な配慮がなされないようであれば、外部からの影響は、国際社会が途上国に対して気まぐれな見方や流行りの考え方といったものを押しつけるための手段となってしまうであろう。

政策選択肢の評価(エヴァリュエーション)過程

　政策立案者たちは、それぞれ可能な選択肢の結果を予測し、客観的に評価しようとするなかで、政策形成に対する技術的あるいは科学的なアプローチに関する神話を一掃しようとしている。しかしながら、4つの事例のいずれも、政策選択肢の結果を十分に検証し、先入観をもたずに評価しているわけではなかった。実際、そのような狭義の評価は、その過程に参加した多様な利益集団の価値観やイデオロギーの影響を強く受けていた。たとえば、ペル

ーの軍事政権は、検討中の政策選択肢に関する評価を十分に行うことを認めなかった。その他の3つの事例(ブルキナファソ、タイ、ヨルダンの政策サイクルの第1段階)では、国際的なアクターたちが政策選択肢の評価において優位な地位を占めていた。最終的には、主に財政支援を伴っていたために、彼らの特定のイデオロギーが蔓延(はびこ)ったのである。評価段階に対する国外からの影響に関する最も極端な例は、ブルキナファソの政策サイクルの第2段階に見ることができる。ブルキナファソの教育省が、農村教育は望ましさの観点からも実行可能性の観点からも適してはいないと判断したとき、国際的なアクターはそうした政策を採用してくれる他の省庁を見つけ、政策実施に対して援助を行ったのである。

　政策の選択肢が望ましさの観点から評価されるとき、提起されなければならない明らかな疑問は、誰にとっての望ましさかということである。多くの事例で、政策立案者たちが望ましいと考える特定の選択肢は、教育の消費者(＝生徒や親)たちにとっては望ましいものではなかった。特定の政策に対して需要が見られなかったり、政策過程に教育の消費者たちを巻き込むなかでそうした需要が生成されてこなかったりした場合、その政策は失敗に終わる運命にあった。こうしたことは、ノンフォーマルな農村教育がブルキナファソにおいて導入された事例や、教育システム全体の改革として多様化した中等教育がペルーで導入された事例に見ることができる。ペルーの事例に関しては、教育改革に関して二年間におよぶ公的ならびに専門的な議論を行うことを政府が認めたにもかかわらず、こうした議論のなかから出された提言を政策の設計(デザイン)に組み込まれはしなかったのである。むしろ、政策に対する拒絶や反対を避ける目的で、特定の問題のみについての対応というものがとられたのであった。ペルー政府が、政策形成に含まれた利害の複合性を認め、それらの問題に取り組もうとしたのは、政策サイクルが進んでからのことであった。

政策決定の採択

　政策の選択に関する分析そのものは、政策決定の合理性や明確性の度合いばかりではなく、その実行可能性に関する問題も提起することになる。本書での事例研究は、政策サイクルの初期段階における漸進的な政策形成が、急激な政策変更よりも成功を収めやすいということを示している。タイとヨルダンの試験的なプロジェクトは、次の段階の政策サイクルに対して情報などを提供する実施過程を通して、政策立案者たちが政策を練り上げることを可能にしたのである。総観的なアプローチが採用されたペルーとブルキナファソの政策サイクルの第1段階に関して、いずれの事例も政策は後に失敗に終わることになった。権威主義的な政府は、政策形成に関して総観的なアプローチを用いる傾向があるのに対して、政治的権力がより分散している政府は、より漸進的なアプローチを採用する傾向にある。

　時によって政府は、政策の政治的な許容をより容易にするために、意図的に政策の曖昧さを選択することもあるとはいえ、基本的に政策の範囲が明確化されていることは、明らかに政策の成功に結びついている。中等教育段階における総合的な教育を導入するというペルーの決定は、過度に理論的なものであった。すなわち、実施のための課題を提示するなかで、目標がどのようにしたら現実的に達成されるかを軽視していた。それとは対照的に、ヨルダンとタイによって実行された漸進的アプローチは十分に明確化されていたため、政策を実践することもより容易であった。したがって、保守的かつ漸進的であり、とくに試験的なプロジェクトが実施された政策は、成功を収めるチャンスが高いということは疑いようがないであろう。

　最後に、政策の実施が可能であるか、あるいは疑わしいか、といった問題は、明らかにそれを見る人の眼によっている。客観的には、改革が包括的かつ総観的であり、国家の吸収能力が不十分である場合、あるいは政策に対する要求が現れ出ていない場合は、その政策の成功の確率は低いものにならざるを得ない。これは、オート・ヴォルタにおいて明らかであった。この事例では、ノンフォーマルな農村教育の導入は遠大な計画であり、新しく独立した

ばかりの政府が政策を設計(デザイン)し実施するための分析能力や管理運営能力の水準を、はるかに超えていた。しかしながら、すでに指摘したが、ペルーのように政策立案者たちが注意深く計画立案を行った場合、あるいはオート・ヴォルタのように政策立案者たちが政策は正しいものであると信じていた場合、政策立案者たちは特定の政策を機能させることができるのである。

政策の計画立案と実施

　政策を本当の意味で検証することができるのは、計画立案と実施の段階に達してからである。政策実施を計画立案することに関しては、2つの非常に重要な問題が提起される。第一に、教育改革のためにどの程度の政治的な支持を動員することができるのかということであり、第二に、マクロ・レベルの計画立案とミクロ・レベルの計画立案との間の相互補完性である。タイでは、政策サイクルの第1段階においてですら、政策立案者たちは教育改革過程に行政官たちを巻き込むことの必要性を認識していた。そして、視学官たちに学校開発のための調査や計画立案を行う機会を提供し、プロジェクト学校における教授法の改善に対する支援を行うための、プロジェクト・センターを設立したのであった。政策サイクルの第2段階では、教員組合、私立学校、大学、国家経済社会開発委員会(The National Economic and Social Development Board)といった幅広い利益集団からの代表者たちによって構成された改革委員会を立ち上げた。したがって、改革の初期段階から、改革によって影響を受けることになるであろう人々が改革過程に参加しており、彼らはどのような改革を進めていくべきかを考えるうえで貢献したのであった。さらに、政策の計画立案は連続的な過程であり、現場からのフィードバックに応じて修正を加える余地が常に確保されていた。政策の計画立案と実施の段階では、カリキュラムの再設計(デザイン)や評価(アセスメント)のために、現場の教師たちの意見が参考にされた。また、実業界において指導的な立場にあった人々も、技術面ならびに管理運営面での支援を提供した。コミュニティの指導者たちは、地域に設立された職業訓練センターの機能などについての情報を、地元の人々に伝える

うえで貢献した。最後に、政策の実施段階を通じて、生徒や親たちに教育改革の目的を明確に理解してもらうための努力が、計画的に積み重ねられた。とくに、学校では、「(教育改革に関する)研修と意識向上」のためのプログラムとして、村や町の人々に実際に改革が進んでいる学校を視察してもらう機会を提供するためのワークショップなどが開かれた。それに加えて、この教育改革の重要な側面は、「消費者」が「製品」を最もよく利用することができるようになることを助けるための、強力なガイダンス機能の導入にあった。すなわち、生徒たちが試験を受けて職業訓練コースあるいはアカデミック・コースに振り分けられた後に、その試験結果について生徒や親たちに説明を行ったうえで、それぞれの生徒に最も適した学修課程を選ぶ手助けをするために、ガイダンス・カウンセラーたちが配置された。ヨルダンの事例では、政策サイクルの第1段階では何の市場調査(マーケティング)も行われなかったが、この失敗から学んだうえで、政策サイクルの第2段階ではすべての利益集団を巻き込むための多大な努力がなされた。そこでは、ワークショップやセミナーなどを通して、教育行政当局、親や教師たち、改革委員会の委員たちが自由に意見交換を行い、さらには皇太子自身が地方における現場の行政官たちと会うことで彼らの意見に耳を傾けたりしたのであった。

　しかしながら、政治的な支持を動員したからといって、改革に対する受容というものが保証されるわけではない。ペルーでは、教育改革に関する決定が実際に下される前に、全般的な国家改革に対する大衆的な支持を得るために、改革委員会が若者たちのグループを選び、彼らが人々の意識を高めたり、改革への議論に積極的に参加したりすることを働きかけた。そして、教育改革の全体像が描かれるようになると、教師、行政官、コミュニティの人々のそれぞれにとっての改革の目的や利点、役割などを、政策立案者たちは明確化した。たとえば、教師たちが追加的な研修を受けたり、改革におけるより革新的な側面へと積極的に参加したりするうえでの動機づけを高めるための、インセンティブについて検討された。また、コミュニティの人々に関しては、改革の導入に伴い生じる新しい機会や責任について、詳細な調査が行

われた。こうしたことは主にトップ・ダウン方式で行われ、一般市民からの意見を聴取する機会はほとんど設けられず、先述のように、この改革は失敗に終わったのであった。

　第二の問題であるマクロ（国家）・レベルの計画立案とミクロ（プロジェクト）・レベルの計画立案との相互補完性は、多くの国において問題となっていることがわかった。プロジェクト（ミクロ）のレベルで主な計画立案を行うことは、地元の人々の参加を促すことになるが、国家（マクロ）のレベルでの問題に必ずしも適切に応えることにはならない。ヨルダンの教育システムでは、国家レベルでの詳細な計画がなかったために、職業教育を担う教員の数が足りなくなるという事態が生じた。ブルキナファソにおける政策サイクルの第2段階では、政府側の総合的な開発計画が不適切であったために、政策の実施が纏まりのないものになってしまった。

　政策の形成について検証されるのは、政策の実施段階においてである。第1章で述べたように、政策の修正は、実施段階において必然的に行われるものである。こうした修正は、政策実施の試みのなかで予測していなかった問題に直面したり、政治的・社会的・経済的な状況が変化したり、または当初の政策決定をフィードバックにもとづいて再評価(アセスメント)したりといった、さまざまな要因によって行われる。本書で提示した各国の事例は、修正を加えることを可能にする「なすことによって学ぶ(learning by doing)」という段階的な政策実施は、大規模かつ一元的なアプローチよりも成功を収める可能性が高いということを示している。ペルーでは、政策の実施が計画的に行われなかったため、政策の改善を必要とすることになった。つまり、教育改革が単一的な努力によって行われようとしたため、政策の実施段階において柔軟性と学習可能性を失わせることになったのである。さらに、政治状況の悪化や国内外の経済状況の悪化と極度の財政難が、ペルーの改革に対する支援に影響を及ぼし、その結果、改革の実施に対しても重大な影響を及ぼした。最終的に、ペルー政府は限られた数の実験学校の設立を選択するにとどまり、教育システム全体にまたがるような改革は諦めることを決定した。

タイでの政策サイクルの第1段階においては、総合学校の建設にかかる費用(コスト)が予想をはるかに上回ることが明らかとなり、改革の路線が危ういものとなった。こうした理由から学校建設の計画は変更され、後に政策サイクルの第2段階においては格段に低費用で済む基本デザインが開発されるとともに、実践的な指導を行うための代替的かつ安価な方法が考案された。

ヨルダンでは、すでに指摘したように職業教育を担う教員の需要がその供給よりもはるかに大きかったため、包括的な教育の実施は暗礁に乗り上げた。これは、政府が自ら行った政策決定に対してそれほどの投資をいまだ行っておらず、政策への関与が低いものであったために生じた事態であり、政策形成に対する漸進的アプローチの欠点を示している。したがって、こうしたアプローチには、政策に対する不適切な資源配分を行う傾向があると言えるだろう。このような状況を改善するために、質の高い職業技術教育の教師たちを惹きつけ、職に留まらせるために、政府はさまざまなインセンティブを採用しなければならなかった。さらにヨルダン政府は、試験的な努力の一環として人口の少ない地域に、新たな形態の総合学校である一般職業訓練中等学校を導入した。政策のインパクト評価(アセスメント)の段階で、この実験は失敗に終わったことが判明した(次節を参照のこと)。なぜなら、これらの学校は、他の総合学校が直面した課題と同様に、すべての人に充実した普通教育を求める生徒たちの要望に応えることができなかったためである。そのため、続く政策サイクルにおいては、こうした要望に関する要素が非常に真剣に検討され、最終的な政策の成功へと結びつくことになった。

最後に、紙の上に書かれた段階での政策は良いものに見えても、それが現実世界では必ずしも上手くいくわけではない。それは、先述したようなペルーの事例に見ることができる。また、ブルキナファソでは、ノンフォーマルな農村教育が国家の抱えるジレンマに対する最上の解決策であるように「客観的」には見えたのだが、実際に導入された急激な改革は、政策を実施するうえでの国家としての分析面ならびに管理運営面での能力の範囲を超えてしまっていた。国際的な援助コミュニティは、この政策を強く信じて、促進し

ようとしたが、政策実施のすべての領域をカバーすることはできなかった。そのため、次の政策サイクルでは、同様の問題が改革の拡大に伴って増大することになった。すなわち、さらに多くの国際的な機関が政策の実施に関与することになったが、それらの機関の間の調整が不足したうえに、政府自身も改革の計画を十分に練ることができなかったのである。

政策のインパクト評価(アセスメント)と次の政策サイクル

政策のインパクトを評価(アセス)することは、その政策を維持するのか、修正を加えるのか、あるいは断念するのかどうかといったことを決定するうえで、明らかに重要なことである。一般的には、政策評価は、政策形成過程のなかで「当然のこと」として行われたわけではない。公式な政策評価が全く行われないこともしばしばであり、その政策が細々と継続するなかで、新しい政策が並行して導入されたりもした。しかしながら、評価が行われた場合には、(1)何が評価を行う契機となったのか、(2)どのようにして、また誰によって評価が行われたのか、そして(3)いかにして評価結果は解釈されたのか、という3つの点について分析を行うことが必要となる。ここでの関心は、政策の欠陥が、政策の実施や政策そのものに何らかの影響を与えたのか、という問題にある。

本書で提示した事例のなかで行われた評価(アセスメント)のほとんどは、教育セクター以外の場で起こった出来事によって突然行われたのであった。最も強力な例が、ヨルダンの事例であろう。ヨルダンでは、深刻な経済の停滞や失業の増大といった問題に直面し始めた後の1980年代半ばになって、教育改革の必要性が認識されるようになった。教育改革に関する似たようなアイデアは1970年代後半から話題に上っていたが、1980年代半ばの経済的な困難が、教育に関する状況を再評価し、こうしたアイデアをより受け入れやすいような環境を構築することを、ヨルダンに強いたのであった。ペルー、ブルキナファソ、タイのそれぞれの国においては、政治的な事件が政策評価をもたらすことになった。タイと政策サイクルの第2段階のブルキナファソでは、民

主主義に対する大衆的な要求が政府を転覆させ、新しい行政体制を導いたのである。そうした新しい行政体制は、既存の教育システムにおける公平性の問題を主に評価（アセス）し、変化に対する民衆の要求に応えなければならなかった。ペルーでは、公式な評価（エヴァリュエーション）というものは行われなかったが、強制的な選挙後の政治状況が、多様化した教育に関する政策を縮小させてしまう決定を導いたのであった。こうした教育セクターの外部からの刺激に伴う危険性は、政策が十分に根づき、結果をもたらすようになる前に、時期尚早の評価（アセスメント）が行われてしまうことである。

　どのように、いつ、そして誰によって評価（アセスメント）が行われるのかといったことは、評価結果やそれに続く政策サイクルに対して明らかに偏った見方をもたらすことになる。また、政治的な要因も、誰が評価を行うのかといったことに対して影響を及ぼすであろう。たとえば、ブルキナファソの政策サイクルの第1段階の最後に行われた評価は、国際的なコミュニティによって実施されたため、その評価はノンフォーマルな農村教育の継続を支持するものになりやすかった。こうした状況は、評価結果を偏ったものにするとともに、政策の寿命を長引かせることに貢献した。ブルキナファソの教育省は、独自の評価を行ったうえでこの政策が生徒や親にとって望ましいものではなく、また、負担可能なものでもないことを判断していた。それにもかかわらず、国際的な援助が、政府の政策決定者たちに大きな影響を及ぼしていたのであった。しかし、国際的なイデオロギーが、初等教育の完全普及の重要性を再び主張する方向へ変化し始めると、ブルキナファソにおけるノンフォーマルな農村教育に対する国際的なコミュニティの評価もそれに従って変化したのである。また、ヨルダンの政策評価は、皇太子によって設立された国家教育政策評価委員会(The National Commission to Assess Educational Policies)によって、教育改革過程の一環として実施された。この事例では、既存の政策に関する評価を実施する前から、政策変更を行うことが皇太子によって予め決められていた。さらにタイでは、多様化した教育に関する政策が国際的なコミュニティによる支援を受けながら広く導入されていたにもかかわらず、政府がこの政策に

関する主導権を取り戻し、タイの必要性(ニーズ)に即した政策へと修正を加えた。そのため、この政策に対する評価とそれに続く政策サイクルは、タイの教育における需要をより適切に反映したものとなった。

　評価の結果に関する解釈は、その政策の次に起こる状況に対して非常に強い影響を及ぼす。そうした状況には、次の3つの可能性があると言える。第一に、政策は適切なものであり、維持されるべきである。第二に、政策実施において問題があり、政策の成果が十分なものではないため、政策に対して修正を加えるべきである。そして、第三に、政策自身に問題があり、政策の成果が貧弱であるため、その政策は断念されるべきである。政策の成果が期待した通りのものでなかった場合、政策決定者たちはしばしば問題の核心に迫ることをせずに、政策実施上の問題を政策自身の不適切さであると誤認し、政策を断念するという決定を下してしまいがちである。たとえばペルーでは、総合的な教育が始められてから8年後に軍事政府が政権の座を追われ、新しい大統領はこうした状況を政策に対する拒絶であると解釈した。そのため、高等職業訓練学校(ESEPs)から最初の卒業生が輩出される前に、この政策は断念されることになった。ここで目指されていた改革の包括的な特徴を考えると、こうした政策の断念を決定するタイミングとして適切であったようには思えない。本書で提示した4つの事例のなかでブルキナファソの事例のみが、既存の政策を実施していくうえで、政策サイクルの第2段階において修正を加えることを決断した。この事例でさえも、政策評価の解釈に関しては、異なる意見が見られたのである。ブルキナファソの教育省は、この政策には欠陥があり、政策を断念することが望ましいと結論づけたが、国際的な援助コミュニティは、失敗したのは政策実施に関してのみであり政策そのものではないと主張し、ノンフォーマルな農村教育を支援し続けたのであった。

第4章　結論——政策立案者たちのための含意(インプリケーション)のまとめ——

　政策分析の概念的フレームワークと、4つの典型的な事例に対するその適用は、教育の計画立案が単純に技術的あるいは直線的なものではあり得ないことを鮮やかに示している。また、教育という事業が、明快な課題、明確に定義された目標、明白な因果関係、予測可能な理性的行動、合理的な政策決定者たちといった特徴とは、相容れないものであることを提示している。そのような教育政策の計画立案は、乱雑で重複した出来事(エピソード)の連なりであることが避けられない。その連続した出来事(エピソード)のなかでは、さまざまな課題が分析され、「政策(policies)」が形成され、実施され、評価され、修正あるいは再設計(デザイン)される「過程(processes)」に、多様な見解や視点に立ったさまざまな人々や組織が積極的に参加している。したがって、教育政策の立案者たちは、政策と過程の複雑さを理解し、政策形成過程のあらゆる構成要素に関して十分な注意を払い、(流れ、手順、形式、利益集団間の相互作用といった)システムの発展的なダイナミクスを評価するために、第1章で提示したものと類似した方法論的アプローチを適用する必要がある。

　また、本書での分析を通して、政策の計画立案過程がそれぞれの国に特定的であり(時間的な観点からさえも特定的であり)、教育セクター、経済状況、社会的・政治的な状況や相互作用に、かなり依存していることも明らかになった。しかしながらその一方で、効果的な教育政策の計画立案を行うための強力な含意(インプリケーション)を示している、繰り返し立ち現れる要素があることに気がついた。

　第一に、教育政策の開発は、3つの領域に関して信頼できる知識にもとづいて行われるべきである。すなわち、(1)データ、調査研究、経験、国際的な知識などにもとづく教育セクター自体の分析、(2)経済、政治、人口統計、社会、文化などの状況や見通しに関する文脈的(コンテクスチャル)な分析、(3)利益集団に関す

る評価、利益集団の理性的行動、利益集団間で取引(トレードオフ)が行われる過程、という3つの領域に関する知識である。この文脈的(コンテクスチャル)な分析は、外部的な要因によって影響を受けているかもしれないが、効果的なものとなるためには内面化され、かつ国内的に保持されるべきである。

　第二に、政策決定が行われる前に、さまざまな実行可能な政策選択肢が産み出されなければならない。これは、比較的容易なことである。むしろ、それぞれの政策選択肢に関して、何が必要とされており、どのような結果をもたらすことになるのかといったことを判断するための筋書(シナリオ)を構築することの方が、より難しい作業である。それぞれの筋書(シナリオ)は、政策提案の教育的な利点という観点からのみならず、その望ましさ(それに関連する諸利害の複雑さを考慮に入れなければならない)、財政的な負担可能性、国家の実施能力に関する実行可能性、結果を示すのに十分な時間をかけることができる持続可能性といった観点からも、体系的に分析され、評価(エヴァリュエート)されるべきである。最適な選択肢を選ぶことは、最終的には政治的なものであり続けるのだが、それなりに適切な知識にもとづき異なる筋書(シナリオ)を厳密に分析することは、政策決定の過程を照らし出すとともに、異なる利益集団が有意義な協議の場に関与することを可能にするであろう。

　第三に、政策の選択は、どのぐらい急進的かつ包括的であるべきなのか？漸進的な課題特定アプローチが、包括的な戦略アプローチと較べて必ずしも常に優れているというわけではない。確かに、包括的な戦略にもとづく改革は、国家の吸収能力が不十分であったり、政策に対する明示的な要求がなかったりした場合には、成功が覚束ない。それに対して、段階的なアプローチは実験や修正を行うことが可能であり、高度な政治的・組織的な要求も必要とはしない。その一方、こうした段階的アプローチは、「低リスク」の安易な解決策を導きがちであり、政治資本やその他の資源に関して不十分な投資しか行わず、改革の成功には必ずしも結びつかないことがある。本書で提示した事例研究に見られる成功物語(サクセス・ストーリー)は、政治的・経済的な要求というコンテクストのなかで教育セクター全体の問題を解決するために、限定的な漸進的な

段階を慎重に始め、その後、包括的な戦略アプローチによって継続されるべきであることを示している。こうした展開のタイミングやスピードは、改革に対する利害関係者たちの受容の度合いや、教育システムにおける政策の実施能力にもとづいて判断されるべきである。

　第四に、政策改革が漸進的であるか包括的であるかどうかにかかわらず、そうした改革の真価が試されるのは政策の計画立案と実施の段階に入ってからである。その点に関して非常に重要な3つの要素を、ここに挙げることができる。(1)国家的な課題を明確化し、包括的な青写真を提供するためのマクロな計画立案は、プロジェクトや地域（ローカル）レベルにおけるミクロな計画立案によって、補完されなければならない（これは、ミクロ・レベルの計画立案がマクロ・レベルの計画立案を代替するわけではない）。(2)政治的・公共的な支援の動員を慎重に計画するとともに、政策の計画立案と実施の段階において積極的に関与すべき利害関係者たちを探さなければならない。(3)政策の計画立案は柔軟であり、実施段階において修正を行う余地が残されているべきである。

　第五に、政策の効果が現れ出しても、それは政策の計画立案過程の終了を意味するわけではなく、それは新しい段階の始まりである。政策改革は、できれば政策過程のなかに組み込まれたメカニズムを通して、そのインパクトに関する体系的な評価（アセスメント）が行われるべきである。たとえば、そうした評価は、政策が採択されたときに期待したような結果を実現することができたのか、といったことについて行われるべきであろう。政策の実施メカニズムは継続的に検討される必要が常にあるのに対して、政策のインパクトに関する判断を下す前に、政策そのものは十分に成熟したものとなっているべきである。それ以降も、実施に関わる問題は、政策自体の不十分さの故であると誤認されるべきではない。また、インパクト評価（アセスメント）が、望まれた政策変更が成功裏に実施されたと結論づけたとしても、政策の策定者や立案者たちは、新しい政策変更が必要とされる可能性に対して常に用心をしているべきである。なぜなら、現代社会の急速な変化や、教育システムとそれを取り巻く環境との間の密接な関係などによって、さまざまな影響を受けることが予測されるか

らである。最後に、もし政策には効果がないと判断された場合は、新しい政策を導入する間に古い政策を引きずって長引かせるようなことはすべきではない。その代わり、厳密な政策の設計〔デザイン〕・形成・計画立案のための新しいサイクルを始めなければならない。

　結論として、教育開発は、数多くの受益者や供給者たち、さらには政治的な人々を巻き込み、またそれらの人々に対して影響を及ぼしているため、非常に複雑なものであると言えるだろう。それらのすべての人々が、教育開発の過程や成果に関して、何らかの利害関係を有しているのである。この点に加えて、いかなる政策もその目標を実現するためには、長い形成期間を必要とすることを指摘しておく。これらの理由から、政策の変更は軽々しく行われるべきではなく、また、慎重な検討を加えることなく断念されるべきでもないことを忘れてはならない。

参考文献ならびに応用的な文献のリスト

Allison, G.T. 1971. *Essence of decision*. Boston: Little, Brown and Company.
Archer, M. 1979. *Social origins of educational systems*. Beverly Hills (Calif): Sage.
Archer, M. (ed). 1982. *The sociology of educational expansion: take-off, growth, and inflation in educational systems*. Beverly Hills (Calif): Sage.
Blaug, M. 1987. *The economics of education and the education of an economist*. Oxford: Pergamon Press.
Caillods, F. 1991. *Educational planning for the year 2000*. IIEP Contributions No. 4. Paris: UNESCO/International Institute for Educational Planning.
Carley, M. 1980. *Rational techniques in policy analysis*. London: Heinemann Educational Books.
Coombs, P. and Hallak, J. 1987. *Cost analysis in education: a tool for policy and planning*. Baltimore, Maryland: World Bank and Johns Hopkins University Press.
Crouch, L.A.; Spratt, J.E. and Cubeddu, L.M. 1992. *Examining social and economic impacts of educational investment and participation in developing countries: the Educational Impacts Model (EIM) approach*. Cambridge: BRIDGES project.
Friedman, L.S. 1984. *Microeconomic policy analysis*. New York: McGraw Hill.
Haddad, W.D. et al. 1990. *Education and development : evidence for new priorities*. Washington D.C.: The World Bank.
Haddad, W.D. and Demsky, T. 1994. *The dynamics of education policy making*. Washington D.C.: The World Bank.
Hage, J.; Gargan, E. and Hannemen, R. 1986. *The responsive state vs. the active state*. Unpublished manuscript, University of Maryland.
Hallak, J. 1991. *Educational planning: reflecting on the past and its prospects for the future*. IIEP Contributions No. 2. Paris: UNESCO/International Institute for Educational Planning.
Kemmerer, F. 1990. "Going to scale: why successful instructional development projects fail to be adopted", in D. Chapman and C. Carrier (Eds.), *Improving educational quality: a global perspective*. Westport, Connecticut: Greenwood Press, 243-256.
Kemmerer, F. 1994. Utilizing education and human resource sector analyses. Fundamentals of Educational Planning Series, No. 47, Paris, UNESCO: International Institute for Educational Planning.
Klees, S.J. 1986. "Planning and policy analysis in education: what can economists tell us?" *Comparative education review* (November), pp. 574-607.
Lindblom, C. and Cohen, D.K. 1979. *Usablie knowledge: social science and social problem solving*. New Haven: Yale University.
Mingat, A. and Jee-Peng Tan. 1988. *Analytical tools for sector work in education*. Baltimore, Maryland: World Bank and Johns Hopkins University Press.
Nicholls, A. 1983. *Managing educational innovations*. London: George Allen and Unwin.
North, D.C. 1990. *Institutions, institutional change and economic performance*. Cambridge; New York:

Cambridge University Press.

North, D.C. 1994. "The new institutional economics and development", *Forum* 1 (2) May, 1994: 3-6.

Psacharopoulos, G. (editor). 1987. *Economics of education: research and studies.* New York: Pergamon Press.

Ross, K.N. and Mahlck, L. (editors). 1990. *Planning the quality of education: the collection and use of Data in informed decision-making.* Paris: UNESCO/International Institute for Educational Planning, Oxford: Pergamon Press.

Stockey, E. and Zeckhauser, R. 1978. *A primer for policy analysis.* New York: W.W.Norton and Company.

Tsang, M.C. 1993. *Methodologies of cost analysis for educational inclusion of marginalized populations.* Paris: NESCO/International Institute for Educational Planning.

Verspoor, A.M. 1989. *Pathways to change: improving the quality of education in developing countries.* Washington D.C.: World Bank.

Wilensky, H. et al. 1985. *Comparative social policy.* Berkeley : University of California Press.

Windham, D. 1988a. "Effectiveness indicators in the economic analysis of educational activities", *International journal of educational research*, 12 (6): 575-666.

Windham, D. 1988b. *Indicators of educational effectiveness and efficiency.* Tallahassee, Florida: IEES project.

Windham, D.M. and Chapman, D.W. 1990. *The evaluation of educational efficiency: constraints, issues, and policies.* Greenwood, Ct.: JAI Press, Inc.

解 説[1]	
	北村友人

　本書は、*Education Policy-Planning Process: An Applied Framework*(UNESCO: International Institute for Educational Planning, 1995)の全訳である。原書は、国連教育科学文科機関(UNESCO)の教育局に付属する研究・研修機関である教育政策国際研究所(International Institute for Educational Planning: IIEP)が刊行している『教育計画の基礎(Fundamentals of Educational Planning)』シリーズの第51巻として出版された。コンパクトに纏まっていながらも読み応えのある良書が数多い同シリーズのなかでも、とくにアカデミックな分析の明快さと実践的な応用可能性といった点から本書は際立っており、実務家から研究者まで幅広い読者を獲得している一冊であると言えるだろう。ちなみに、この原書は、同じ著者たちによって執筆され、世界銀行の経済開発研究所(The Economic Development Institute)から1994年に出版された『教育政策形成のダイナミクス－ペルー、ヨルダン、タイ、ブルキナファソの事例－(*The Dynamics of Educational Policy Making: Case Studies of Peru, Jordan, Thailand and Burkina Faso*)』を底本とし、とくに重要な論点を抽出して構成し直したものである。

　本書の主たる著者であるワディ D. ハダッドは、ベイルートのアメリカン大学の学部ならびに修士課程で物理学や教育学を学び、1967年にはウィスコンシン大学(アメリカ)より科学教育(Science Education)の博士号(Ph.D.)を取得した。母校であるベイルートのアメリカン大学で教壇に立った後、1976年から1996年まで世界銀行に勤務し、主に教育政策に関わる実務や研究に従事した。また、1990年にタイのジョムティエンで開かれた「万人のための教育世界会議(The World Conference on Education for All)」の開催準備を進めた国際機関間委員会の委員長や、ユネスコ事務局長の特別顧問を務めるなど、国際的にも著名な教育研究者・実務家である。さらに、自らの出身国であるレバノンの教育研究開発国家センター所長やレバノン大統領の主席顧問も歴任してき

た。現在は、教育開発分野を主たる事業領域とするアメリカのコンサルティング会社「Knowledge Enterprise, Inc.」の社長を務めている。なお、本書の執筆は、世界銀行のコンサルタントであるテリ・デムスキーの助力を得て行われた。

開発途上国における基礎教育の普及

　開発途上国(以下、途上国)における基礎教育の普及に向けた努力は、「万人のための教育(Education for All: EFA)」目標や「国連ミレニアム開発目標(UN Millennium Development Goals: MDGs)」目標の設定などを通して国際的な課題として広く共有され、それらの実現へ向けた教育改革が推進されている。しかしながら、途上国の多くでは、こうした目標の実現へ向けた道程はいまだに遠いと言わざるを得ない状況にある。その原因は各国の状況に応じてさまざまであるが、多くの国に共通して見受けられる課題が、本書の主題でもある教育政策に関する適切な計画立案ならびに実施・評価の欠如であると思われる。また、そのような教育政策の策定や実施を適切に行っていくうえで、途上国における教育セクターの制度的・組織的・人的・財政的な能力をいかに強化するかということが重要な課題であり、近年の教育開発援助においても教育セクター全体の能力開発(capacity development)を考えることが不可欠となっている。さらに、能力開発を促進し持続的に学習環境の改善を行うためには、地方分権化の推進や取引・調整費用(transaction cost)の削減といった問題を含めたガバナンス構造の改善が必要とされている[2]。こうした問題意識を背景として、セクター全体を視野に入れた支援アプローチであるセクターワイド・アプローチ(Sector-Wide Approach: SWAp)を含むプログラム・ベースド・アプローチ(Program-Based Approach: PBA)が、今日、多くの途上国で導入されている。

　本書で提示される政策フレームワークは、そうしたSWAp/PBAのあり方などを理解するうえで大いに参考になるものと思われる。すでに、いくつかの国ではSWAp/PBAによるセクター・プログラム支援も策定段階から実施・評価段階に至り、このような段階では、教育改革過程の分析や、そうした過

程におけるアクター間の相互作用やダイナミズムを視野に入れた分析が必要とされている(たとえば、廣里(2005)やWilliams and Cummings(2005)などを参照のこと)。つまり、教育改革過程そのものを理解するとともに、そうした改革の担い手である多様なアクターが相互に関係し合うなかで、いかにして地方分権化が推進したり、取引・調整費用を減少させたりできるのかということを、明らかにしなければならない。本書は、そういった途上国の教育開発・改革の過程における政策策定やアクター間の相互作用を分析するための枠組みを明確に提示しており、教育開発研究者のみならず実際の改革過程に携わる実務家にとっても有効に活用されることが期待できる。

教育改革の過程(プロセス)

本書の分析フレームワークならびに事例研究が示しているように、途上国の教育改革のメカニズムを考えるためには、改革が行われる背景や過程について理解することが欠かせない。教育改革においては、常に何らかの目標のもとに新たな政策が導入されることになるが、その過程を本書では次のように説明している。まず、当該国において問題があると認識されている教育現象に関して現状分析を行い、その分析にもとづきながらいくつかの政策選択肢を提示する。その際、国内の教育状況を見るだけでなく、社会的・政治的な構造や経済の状況、国家の優先課題などを考慮に入れて判断を下さなければならない。また、それらの政策オプションに関して、「実行可能性(feasibility)」、「(経済面などにおける)負担可能性(affordability)」、「望ましさ(desirability)」などを評価した後に、政策決定を行うことになる。そして、政策の立案を経て、実際に施行した後には、政策に関するインパクト評価を行い、次の政策サイクルへの含意(インプリケーション)を導き出すことになる。こうした一連の過程は、実際には非常に複雑で、多様な事象の積み重ねのうえに成り立っている。

このような教育政策の形成過程や教育制度の発達などに関する先行研究

(本書の他に Haddad and Demsky(1994)や Lockheed and Verspoor(1991)など)を踏まえたうえで、Williams and Cummings(2005)は、次のようなより幅広い過程のなかに政策を位置づけていくことが、教育改革を理解するうえで欠かせないと指摘している。つまり、「コンテクスト(contexts)」、「過程(processes)」、「政策立案(policy & planning)」、「(政策の)実施(implementation)」、「(政策・改革に対する)評価(evaluation)」、「制度化と組織的な学習(による政策・改革の定着)(institutionalization & organizational learning)」といったさまざまな要素によって、教育改革は構成されている。なかでも、途上国における教育改革を分析するためには、とくに改革の「コンテクスト」と「過程」に目を向ける必要がある。コンテクストに関しては、国内における政治的、経済的、社会的な諸要因に留まらず、グローバル経済の影響や冷戦後の国際社会における政治構造などを含めて、教育改革が求められる背景を幅広い視点から理解する必要がある。また、各段階(計画立案、実施、評価など)において改革がどのように行われているのかを理解するためには、過程を分析することが欠かせない。過程を分析するにあたっては、どのような政治的、経済的、社会的な変化が起こり、その原因となっているものが何であるのかを明らかにする必要がある。そうした分析を通して、従来の改革過程の各段階には必ずしも含まれてこなかったような利害関係者たち(女性、貧困層、少数民族といった社会的・政治的な弱者たちなど)が、そうした過程への参加を保障されるには、どのような対策が求められているのかを明らかにすることが重要である。

　また、途上国の教育が量的ならびに機能的に発展していくメカニズムを、政府、家族(生徒本人を含む)、企業、および国外の諸組織の4つのアクター[3]の相互関係から分析した米村(2003)は、それらのアクターたちがさまざまな社会的要因を体現したり、媒介したりすることによって、教育政策が決定されると説明している。したがって、教育改革のコンテクストや過程を支える多様な「アクター」の存在に目を向け、それらのアクターたちがいかなる役割を果たしているのかを理解することが、とりわけ重要である。つまり、その社会を構成するアクターたちが何らかの合意をすることによって、改革の道

筋が描かれ、実際の政策として導入することが可能になるのである。そこには、民主主義や人権などの価値観によって生み出される一定の秩序が存在することが一般的だが、それと同時に、さまざまな権力関係のなかで政治的、経済的、社会的、さらには文化的な諸要素が絡み合い、一部のアクターたちがより大きな影響力を有するといった不均衡が生まれることもある。すなわち、ここでアクターと呼んでいる利益集団(interest group)のなかには、本書が指摘するように、彼らの利害を優先するために改革を妨げる方向で権力などを行使する者が出てくる可能性があることを忘れてはならない。

あるいは、直接的に改革の進展を妨げることはなくても、改革の過程(プロセス)が一部の利益集団が有する政治的、経済的、社会的な利権の再生産を強化する方向に歪められることがあり得るという、ネオ・マルクス主義の立場からの批判などもある。たとえばCarnoy and Samoff(1990)は、急速な社会変容(social transformation)の過程にある国家において、より公平かつ平等な社会を実現するために教育が果たすべき役割について論じながら、次のような矛盾や葛藤が生じやすいと指摘している。つまり、(富や財の平等な分配などを含む)新しい社会関係を構築するためには経済成長を促すことが欠かせない。そうした社会関係においては、より多くの人が「満足できる生活状態(well-being)」を享受することが目指されており、そのためにも教育分野では基礎教育の拡充が重視されるべきである。にもかかわらず、実際には経済成長の直接的な担い手となる技術者や管理職、官僚などの育成に重きを置くため、基礎教育に対するよりもむしろ高次の教育段階(中等教育段階での職業技術教育や高等教育段階)に対する投資が増加する傾向が多くの国で見られる。このような状況は、社会の平等化を進めるよりも、既存の社会階層を強化することがしばしばであり、そうした矛盾や葛藤が、教育政策をめぐる対立(tensions)を引き起こすことになる。

さらに、グローバル化した今日の国際社会においては、当該国の内側で機能するアクターたちの役割のみならず、国際的な文脈で活動しているアクターたち(ドナー国の援助機関や国際機関、国際的なNGOなど)が果たす役割につい

ても理解することが欠かせない。こうした、いわゆる「外部者」たちによる関与が、途上国の教育改革に及ぼす影響力の大きさは、本書が取り上げているブルキナファソの事例などからも明らかである。

このような本書の主題の一つでもある、途上国におけるさまざまなアクターたちがどのように相互に関係し合いながら教育改革の過程(プロセス)を推進しているのかという関心から、教育改革のコンテクストや過程(プロセス)を分析する際の視点の置き方について、いま少し論じてみたい。

教育改革のコンテクスト

教育改革を行う目的は、基本的にアクセス(access)、公正さ(equity)、質(quality)、効率性(efficiency)、適切性(relevance)という5つの領域において、教育制度や教育財政、教育実践などの現状を改善することにある(Buchert, 1998; Williams and Cummings, 2005)。通常、これら5つの領域を組み合わせたものが教育改革の目的として設定されるが、そのような教育改革の全体像を分析するためには、「教育的レンズ」、「経済的レンズ」、「政治的レンズ」の3つのレンズを通して見ることが必要であると、Riddell(1999a)は指摘している。まず、教育的レンズとは、教育改革を教育学的な関心から分析することを意味するが、とくに近年のアプローチとしては、効果的学校(school effectiveness)、学校改善(school improvement)、教師と学習者の間の交流(teacher-learner interface)の3つの分野に対して主に焦点が当てられている。また、教育改革の経済的な側面を分析する経済的レンズを通しては、教育のインプットとアウトプットとの関係を示す教育生産関数(education production function)や、そうした供給側の関心から需要側の関心へと重点を移したパフォーマンス・インセンティブ(performance incentives)〔個人的(individual)インセンティブと制度的(institutional)インセンティブ〕の考え方にもとづく研究などが行われてきた[4]。そして、政治的レンズとしては政治学の多様な理論的アプローチを考えることができるが、社会(society)、国家(state)、個人(individual)のいずれの立場を中心に据える

かによって、それぞれ分析の仕方は異なってくる。

このように教育改革を分析するための視点は、軸とする学問領域によって捉え方が異なるため、複合領域的(multi-disciplinary)な分析を行うにあたっては注意が必要である。たとえば、効率性(efficiency)、有効性(effectiveness)、分権化(decentralization)といった今日の途上国における教育をめぐる3つの重要なテーマを見る視点が、それぞれのレンズでは異なっている。たとえば、実際に提供される教育サービスの内容を主に分析する教育的レンズを通して見るときは、教育の有効性に対する関心の方が効率性の問題よりも重きを置かれることになる。それに対して、教育を需要と供給の関係から捉える経済的レンズを通して分析する際には、教育の内容的な側面よりも教育の制度や実践に伴うコストや収益などに対する関心が高いため、効率性の問題が最も重要視されることになる。また、政治的レンズを通した分析では、さまざまな利害関係者（ステークホルダー）たちがどのような目的をもって教育活動に参加しているのかという面に対する関心から、効率性や有効性の問題にも目を向けるとはいえ、基本的には権力や権限の問題と密接に関連している分権化に対して、最も主眼を置くことになる。

また、教育改革を進めるうえで最も重要なことは、単純なトップ・ダウン式の運営モデルや改革過程を導入するのではなく、多様な利害関係者（ステークホルダー）たちによる協議・協調することであると、Williams and Cummings(2005)は指摘している。それは、改革の初期段階である政策目標の確定から始まり、政策の立案、実施、評価を経て、制度化などによる政策・改革の定着に至るまで、常に異なる関心や利益の間での調整が欠かせないことを意味している。こうした姿勢は、Reimers and McGinn(1997)が「情報にもとづく対話(informed dialogue)」という言葉で表現したように、政策立案者や行政官と研究者、さらには実践家たちとの間で、お互いの情報を共有することでより適切な政策決定を行うことができるとする考え方と通底している[5]。このことは、先進国あるいは途上国の別を問わず、教育改革の過程において重要であり、このような「対話」が進むことによって、社会的・政治的な問題に対する解決策を導くようなコ

ンテクスト重視の政策や戦略が編まれることが期待されている。

　しかしながら、多くの途上国で行われている教育政策の形成過程において、こうした「対話」の欠如とともに、「対話」のベースになるはずの情報(とりわけ、学術的な調査研究の成果)が十分に反映されていないことを、Reimers and McGinn(1997)は指摘している。とくに、米国国際開発庁(USAID)の「教育システム開発における基礎研究と実施(The Basic Research and Implementation in Developing Education Systems: BRIDGES)」プロジェクトを具体例として取り上げ、「情報にもとづく政策形成(informed policy making)」の重要性について詳述している。こうした政策形成の過程とともに、実際の教育活動やそれに対するモニタリング・評価においても、調査研究は活用されるべきである(Buchert, 1998)。この点について、Riddell(1999b)も、調査研究やモニタリング・評価の結果が、ドナーの支援による教育改革プログラムに対するインプットとして必ずしも適切に活用されていないケースが多いと指摘している。こうした調査研究やモニタリング・評価の結果は、ドナーや途上国の政策立案者たちといった教育行政の上流部門(アップストリーム)で当該国の教育の青写真づくりに携わるアクターたちと、教員、親、生徒たちといった下流部門(ダウンストリーム)においてそれぞれの使命(ミッション)を果たしているアクターたちの間を繋ぎ、教育改革の目標を共有するうえで活用されなければならない。つまり、「ローカル・レベルでの成功経験とナショナル・レベルでのヴィジョンを結合させることは、学校改善の努力と効果的学校研究を結びつけるという挑戦であるとともに、『成功』の経験に対する異なる見方の間のコミュニケーションを促したり、それらの見方のそれぞれに価値を見出したりするという挑戦でもあるのだ」(Riddell, 1999b, p.392)。このことは、それぞれのアクターが異なる関心をもっているため、とりわけ重要である。たとえば、ドナーたちにとっては、彼らの援助がいかに効果的・効率的に使われたかということが大切であるのに対して、政策立案者たちは、教育現場におけるパフォーマンス(就学率や学習到達度など)がどのぐらい向上したかということに対して、常に最大の関心を払っている。

教育改革を進めるための協調関係（パートナーシップ）

　ここまで、発展途上国における教育改革を分析するための視点について整理をしてきたが、さまざまに異なる立場のアクターたちが、それぞれの使命（ミッション）や役割に応じて多様な活動を展開している。それらの活動のなかには、単独で行われるものもあれば、他のアクターとの協調関係（パートナーシップ）にもとづき行われるものもある。しかし、いずれにせよ、そこにはアクターたちによって合意されたある種の規範や価値（たとえば、民主主義の精神や人権の思想など）にもとづく一定の秩序が存在し、そのなかでアクター間の相互関係が構築されている。

　とくに国際教育協力の現場では、EFA あるいは MDGs といった目標の実現へ向けた公共政策の立案・形成・実施・モニタリング・評価などの過程を通して、立場の異なる多様なアクターたちが相互に協力し合っている。そうしたアクターたちは、基本的に、①途上国政府、②先進国（ドナー国）政府、③国際機関、④市民社会組織、といったカテゴリーに大別することができるが、それぞれのカテゴリー内にはさらに多様なアクターたちを見出すことができる。とくに教育改革の過程（プロセス）におけるアクターたちの相互関係を分析するには、多様なアクターに関するより細分化された分類を行う必要がある。

　また本書でも指摘しているように、マクロ・レベルの現状分析だけでは把握された諸問題への具体的な方策などを示すことが難しいとの観点から、最近の教育開発研究においてはミクロ・レベルでの研究が意識的に実施されるようになってきた。それらのミクロ・レベルでのアクター間の相互作用などを意識した研究はいまだに不足しているが、本書の底本となった Haddad and Demsky (1994) をはじめ、少しずつ研究が積み上げられてきており、今後のさらなる深化が期待されている。

結 び

　こうして教育改革の過程(プロセス)についてコンテクストやアクターに対する関心を軸としながら考えてみると、それらを分析するうえでの基礎となる枠組みを本書の分析フレームワークは提示していることが理解できるのではないだろうか。途上国における教育開発・改革を研究するうえでも、また実践面から推進していくうえでも、本書は重要な出発点となっている。それは、途上国の教育政策研究を専門としている訳者にとっても同様であり、本書でハダッドたちが示した分析フレームワークを自らの研究を進めるうえでの重要な理論的基礎として活用してきた。その意味で、本書の有用性は、訳者自身が常に実感してきたところである。

　また、大学での研究・教育職に就く前に訳者はユネスコ本部教育局において途上国の教育政策形成に対する支援の仕事に携わっていたのだが、IIEP出版物というユネスコの事業の一端をこうした形で日本の読者に紹介できることは、訳者にとって個人的にも大きな喜びである。

　最後に、このような貴重な機会を与えてくださった『ユネスコ国際教育政策叢書』の編集顧問である鈴木慎一先生と廣里恭史先生、本シリーズの共同編者である黒田一雄先生、そして東信堂の下田勝司社長と二宮義隆氏には、衷心よりお礼申し上げたい。

＜参考文献＞
木原隆司(2003)「援助協調の理論と実践―『援助協調モデル』とベトナム」『開発金融研究所報』日本国際協力銀行、第17号、23-65頁.
澤田康幸(2005)「経済学からのアプローチ」黒田一雄・横関祐見子編『国際教育開発論―理論と実践―』有斐閣, 61-79頁.
廣里恭史(2005)「東南アジア地域における国際教育協力の現状と課題―『自立発展的』な教育改革支援へ向けて」『比較教育学研究』第31号、38-51頁.
米村明夫編著(2003)『世界の教育開発―教育発展の社会科学的研究―』明石書店.
Bartholomew, A. and Lister, S. (2002). *Managing Aid in Vietnam: A Country Case Study.*, OECD DAC Task Force on Donor Practice.
Buchert, L. (1998). "Introduction," in Buchert, Lene (ed.) *Education Reform in the South in the 1990s.*

Paris: UNESCO Publishing, pp. 11-25.
Carnoy, M. and Samoff, J. (1990). *Education and Social Transformation in the Third World.* Princeton: Princeton University Press.
Haddad, W.D. and Demsky, T. (1994). *The Dynamics of Education Policy Making.* Washington D.C.: World Bank.
Hanushek, E.A. (1995). "Interpreting Recent Research on Schooling in Developing Countries," *The World Bank Research Observer,* 10 (2), pp.227-246.
Lockheed, M.E. and Verspoor, A.M. (1991). *Improving Primary Education in Developing Countries.* Washington D.C.: World Bank.
Reimers, F. and McGinn, N. (1997). *Informed Dialogue: Using Research to Shape Education Policy Around the World.* Westport, CT: Praeger.
Riddell, A.R. (1999a). "The Need for a Multidisciplinary Framework for Analysing Educational Reform in Developing Countries," *International Journal of Educational Development,* 19, pp.207-217.
Riddell, A.R. (1999b). "Evaluations of Educational Reform Programmes in Developing Countries: Whose Life is it Anyway?," *International Journal of Educational Development,* 19, pp.383-394.
Ross, K.N. and Mählck, L. (1990). *Planning the Quality of Education: The Collection and Use of Data for Informed Decision-Making.* Paris: Unesco/IIEP & Pergamon Press.
Williams, J.H. and Cummings, W.K. (2005). *Policy-Making for Education Reform in Developing Countries: Contexts and Processes,* Volume 1. Lanham, MD: ScarecrowEducation.

＜注＞
1 本解説は、廣里恭史・北村友人(2007)「発展途上国の教育開発・改革を巡る政治経済学と分析枠組－地方分権化におけるアクター間の相互作用－」『国際教育協力論集』第10巻第1号のなかで北村が執筆した箇所に加筆修正を行ったものである。
2 取引・調整費用の定義については、一般的に「開発援助実施に係る準備、交渉、実施、モニタリング、合意の実現から生じる費用」と解され、(1)管理費用(職員の作業時間など)、(2)間接費用(たとえば、被援助国のオーナーシップの低さ、援助支出の遅延)、(3)機会費用(被援助国の政府高官が援助管理に時間を取られ、本務であるはずの政策立案に十分な時間を割けないことなど)の3形態があるとされる(Bartholomew and Lister, 2002)。さらに、被援助国側に発生する取引・調整費用概念を拡大し、援助協調にかかる取引・調整費用も考慮する必要がある。たとえば、ベトナムの援助協調を事例に、より詳細な取引・調整費用概念を扱ったものとして、木原(2003)を参照。
3 米村(2003)の言葉では、4つの「主体」として説明されているが、ここでは「アクター」という言葉に置き換えて論じることにする。
4 パフォーマンス・インセンティブを重視する研究(Hanushek, 1995など)では、既存の教育生産関数の研究で重要であるとみなされてきた変数(教師の教育水準・教育経験、学級サイズ、教師の給料、生徒1人当たりの学校の支出など)が、実は教育のアウトプットを説明する要因として重要ではないと批判している。そして、これらの観測可能な変数よりは、むしろ学校の内部インセンティブ構造など、目に見えない組織のあり方

が重要であると指摘している(澤田, 2005)。
5 Ross and Mählck(1990)所収の諸論文でも、政策決定過程(プロセス)におけるデータや情報の活用の重要性が指摘されている。

> 資料：国際教育計画研究所とその叢書：教育計画の基礎[1]

　この叢書に含まれている冊子は、もともと、次の2つのグループの読者のために執筆されている。開発途上ばかりでなく開発の進んだ国で教育計画と行政に携わっている人たち、そして、上級官僚や政策決定に参与するが必ずしも専門的ではない人たちが対象で、後者の人々が教育計画とは何かを、そしてそれが全体としての国家の開発にどのように関っているかを理解してもらえればと期待している。

　この叢書が1967年に企画されてからというもの、教育計画のコンセプトと実務とは質的に変化を遂げた。教育開発の過程を合理化すべく、初期に試みられたことの基礎におかれた仮説は、その多くが批判されたり廃棄されたりした。主要な中核的で重要な計画でも今では不適切であることが証拠立てられることがある。しかしそれは、すべての計画がなくても済むということを意味しているのではない。反対に、データを集積し、既存プログラムの有効性を評価し、大規模研究をすすめ、将来について模索しつつ、それらの活動を基礎にしながら、教育政策の選択と決定を以前よりは正確に誘導できるような厚みのある議論をすることがますます必要になっている。

　教育計画のスコープは広がった。公式の教育制度に加えて、非公式的な場面ながら重要な意味を持つ教育活動にも、教育計画は応用されるようになった。教育制度の成長と発展に寄せられてきた関心も、教育過程全体の質を見直すことを意味するようになり、ときには教育過程の結果をコントロールすることに置き換えられようとしている。最後に、企画担当者と行政官もますます政策実施戦略の重要性に気づくようになり、その点で多様な管理メカニズムの役割、つまり、財政方式の選択、試験と資格認定手順、その他の管理と活動を誘導するもの等、それぞれの機能役割の重要性にも気づくようになった。企画者の関心はいま二重である。教育の価値をその固有の分野について経験的な観察を踏まえて理解すること、そして、変化を目指した適切な戦

略の選択を支援することがそれである。

　ここに挙げる冊子は、いずれも、教育政策の発展と変化、そして教育計画要求へのその影響を検証した成果を含んでいる。つまり、教育計画の現在の問題を明らかにし、それぞれの歴史的背景と社会的背景において教育計画を分析し、かつ、発展途上国と開発国との別を問わず両文脈で応用できる計画の方法論がその内容である。

　教育計画の真に今日的問題と世界各地で行われる政策決定の今日的問題を、研究所が的確に認識することを助けるために、編集委員会が任命された。

　二人の編集委員と地域別副編集委員、それぞれの分野で高名な専門家から編集委員会は構成された。1990年1月に最初の編集委員会が開かれ、以下のような表題の下に以後発行する各冊子で取り上げるべき主題を選定した。

1　教育と開発
2　公正問題
3　教育の質
4　教育の構造と行政と経営
5　カリキュラム
6　教育のコストと財政
7　計画技術と方法
8　情報システム、監査と評価

各表題の下で、12冊の冊子[2]を編むことにした。

叢書を注意深く企画したが、しかし、著者による見解が矛盾したり異なることを予め避けるようなことはしなかった。研究自体、その公式の見解を著者に押しつけるようなことは望まない。見解については著者がその責任を負うもので、したがって、ユネスコや教育計画研究所によってその見解が支持されないこともあるが、国際的なフォーラムとして著作の主張に人々の関心が集まるようには配慮する。背景を異にし専門を別にするさまざまな著者に

広くその見解を述べる機会を与えて、教育計画の変化する理論と実践について多様な経験と意見を反映させることが、事実この叢書の目的の一つである。(以下略)

ジャック・アラック
（元ユネスコ事務次長・元ユネスコ国際教育計画研究所所長）
鈴木慎一訳

＜訳注＞
1　本資料は、叢書原シリーズ編纂に係る基礎情報として巻末に付した。シリーズの意図に直接関連のない末尾の数行を省略している。
2　この12冊という数とその内容は原シリーズに関するもので、本日本語版叢書とは無関係である。

索引

【ア行】
欧州経済共同体（EEC）　　　58

【カ行】
外部効率性（external efficiency）　33, 47, 50, 51, 55, 59
課題特定政策　　　6
カナダ国際開発庁（CIDA）　　　37, 48-50
教育政策評価のための国家委員会（The National Committee to Assess Educational Politics）　　　44
教育セクター分析　　　17
公正さ（equity）　　　33, 46, 51, 99
国連教育科学文化機関→ユネスコ
個人的（personalistic）モデル　　　8

【サ行】
質（quality）　　　51
実行可能性（feasibility）　23, 32, 35, 41, 48, 50, 89, 96
社会的・個人的モード　　　10, 60, 65
受動的抵抗（passive resistance）　　　74
政策サイクル　　　3, 76-78
政策のインパクト評価　29, 37, 43, 50, 53, 58, 61, 85
政策評価　　　29, 85
政策分析　　　3, 8, 12-14, 30
政府政治的モデル　　　9
世界銀行　　　40, 41, 43, 45, 51, 53, 58, 94
セクター・ワイド・アプローチ（SWAp）　　　95
漸進的（incremental）アプローチ　8, 39, 42, 45, 69, 80, 84
漸進的モード　　　10, 65
漸進的様式　　　21
戦略的政策　　　44
総観的（synoptic）アプローチ　8, 36, 39, 57, 61, 69, 73, 84
総観的モード　　　10, 65
組織的過程モデル　　　9
組織的・官僚的モード　　　10, 65
組織的（organizational）モデル　　　8
組織的モード　　　10

【タ行】
体系的様式　　　20
特定的様式　　　21

【ナ行】
内部効率性　　　47, 50, 55
能力（capacity）　　　16
　――開発　　　95
望ましさ（desirability）　22, 32, 35, 41, 48, 50, 89, 96

【ハ行】
負担可能性（affordability）　23, 32, 35, 41, 48, 50, 89, 96
プログラム政策　　　6, 60
プログラム・ベースド・アプローチ（PBA）　　　95
米国経済援助委員会　　　47
米国国際開発庁（USAID）　37, 49, 50, 101
『ペルーの教育改革に関する一般報告書』　　　34

包括的アプローチ	39	ユネスコ（国連教育科学文化機関）	37, 40, 41, 51, 58, 94, 103

【マ・ヤ行】

マルチ・プログラム政策	6, 42	輸入的様式	22

叢書編集顧問・編者紹介

【編集顧問】
鈴木慎一(すずき しんいち)

早稲田大学名誉教授。ヨーロッパ比較教育学会名誉会員。中国中央教育科学研究院名誉教授。北京師範大学客員教授等。研究分野は、比較教育、教師教育、イギリス教育政策。瑞宝中綬章受章(2014年)。

主要著作:『教師教育改革の実践的研究－教師養成と現職研修の課題－』(ぎょうせい、1989年)、『教育の共生体へ―ボディ・エデュケーショナルの思想圏―』(共著、東信堂、2004年)、*Education in East Asia (Education Around the World)*(共著、Bloomsbury、2013年)。

廣里恭史(ひろさと やすし)

上智大学総合グローバル学部教授。名古屋大学大学院国際開発研究科教授、アジア開発銀行主席評価専門官及び主席教育専門官等を経て、現職。研究分野は、国際教育開発論、比較国際教育学、教育部門・プロジェクト評価論。

主要著作:『途上国における基礎教育支援－国際的なアプローチと実践－』(共編著、学文社、2008年)、*The Political Economy for Educational Reforms and Capacity Development in Southeast Asia: Cases of Cambodia, Laos, and Vietnam*(共編著、Springer、2008年)。

【編者】
黒田一雄(くろだ かずお)

早稲田大学大学院アジア太平洋研究科教授。米国海外開発評議会研究員、広島大学教育開発国際協力研究センター助教授を経て、現職。他に、日本ユネスコ国内委員会委員、ユネスコ国際教育計画研究所客員研究員など。研究分野は、国際教育開発論、比較国際教育政策。

主要著作:『国際教育開発論－理論と実践』(共編著、有斐閣、2005年)、*Mobility and Migration in Asia Pacific Higher Education* (共編著、Palgrave Macmillan、2012年)、『アジアの高等教育ガバナンス』(編著、勁草書房、2013年)。

北村友人　訳者紹介参照

著者・訳者紹介

【著者】

ワディ・D・ハダッド（Wadi D. Haddad）
レバノン出身の国際的に著名な教育研究者・実践家。20年以上にわたり世界銀行に勤務するとともに、「万人のための教育世界会議」（タイ、ジョムティエン）の国際機関間委員会・委員長、ユネスコ事務局長特別顧問、レバノン・教育研究開発国家センター所長、レバノン大統領・主席顧問などを歴任。現在は、教育開発分野を主たる事業領域とするアメリカのコンサルティング会社、Knowledge Enterprise, Inc. の社長を務める。

T・デムスキー（T. Demsky）
世界銀行コンサルタント。本書の編集助手を務めた。

【訳者】

北村友人（きたむら　ゆうと）
東京大学大学院教育学研究科准教授。国連教育科学文化機関教育専門官補、名古屋大学大学院国際開発研究科准教授、上智大学総合人間科学部教育学科准教授を経て、現職。研究分野は、比較教育学、国際教育開発論
主要著作：『国際教育開発の再検討－途上国の基礎教育普及に向けて－』（共編著、東信堂、2008年）、『揺れる世界の学力マップ』（共編著、明石書店、2009年）、*Emerging International Dimensions in East Asian Higher Education*（共編著、Springer、2014年）。

Education Policy-Planning Process: An Applied Framework

教育政策立案の国際比較（ユネスコ国際教育政策叢書1）

2014年8月29日　　初 版第1刷発行　　〔検印省略〕
定価は表紙に表示してあります。

訳者©北村友人／発行者　下田勝司

印刷・製本／中央精版印刷株式会社
組版／フレックスアート

東京都文京区向丘1-20-6　郵便振替 00110-6-37828
〒113-0023　TEL (03) 3818-5521　FAX (03) 3818-5514

発行所　株式会社　東信堂

Published by TOSHINDO PUBLISHING CO., LTD.
1-20-6, Mukougaoka, Bunkyo-ku, Tokyo, 113-0023, Japan
E-mail : tk203444@fsinet.or.jp　http://www.toshindo-pub.com

ISBN978-4-7989-1248-6 C3337　　Copyright © Yuto KITAMURA

ユネスコ国際教育政策叢書（全12巻）

編集顧問：鈴木慎一・廣里恭史
編　　者：黒田一雄・北村友人

既刊　〔2014年8月刊〕

第1期
- ❶『教育政策立案の国際比較』
  ワディ・D・ハダッド、テリ・デムスキー著　北村友人訳・解説
- ❷『グローバリゼーションと教育改革』
  マーティン・カーノイ著　吉田和浩訳・解説
- ❸『紛争・災害後の教育支援』
  マーガレット・シンクレア著　小松太郎訳・解説
- ❹『塾・受験指導の国際比較』
  マーク・ブレイ著　鈴木慎一訳・解説

続刊　〔2014年11月刊行予定〕

第2期
- ⑤『幼児教育への国際的視座』
  デイヴィット・ウェイカート著　浜野隆訳・解説
- ⑥『国際学力調査と教育政策』
  ネヴィル・ポッスルウェイト著　野村真作訳・解説
- ⑦『教育におけるジェンダー平等』
  ネリー・ストロンキスト著　結城貴子訳・解説
- ⑧『教育地方分権化の国際的潮流』
  ノエル・マッギン、トーマス・ウェルシュ著　西村幹子・笹岡雄一訳・解説

続刊　〔2015年3月刊行予定〕

第3期
- ⑨『HIV／エイズと教育政策』
  マイケル・ケリー著　勝間靖訳・解説
- ⑩『途上国における複式学級』
  エチエン・ブルンスウィック、ジャン・バレリアン著　鈴木隆子訳・解説
- ⑪『教育省のガバナンス』
  リチャード・サック、サイディ・マヒーディン著　山田肖子訳・解説
- ⑫『教育の経済分析』
  モーリーン・ウッドホール著　小川啓一訳・解説

東信堂